KB040799

산의 마음을 배우다

암 환자가 1000회 등반으로 터득한 치유의 길

산의 마음을 배우다

초판 1쇄 인쇄 _ 2019년 8월 5일
초판 1쇄 발행 _ 2019년 8월 15일

지은이 _ 권부귀

펴낸곳 _ 바이북스
펴낸이 _ 윤옥초
책임 편집 _ 김태윤
책임 디자인 _ 이민영

ISBN _ 979-11-5877-114-0 03190

등록 _ 2005. 7. 12 | 제 313-2005-000148호

서울시 영등포구 선유로49길 23 아이에스비즈타워2차 1005호
편집 02)333-0812 | 마케팅 02)333-9918 | 팩스 02)333-9960
이메일 postmaster@bybooks.co.kr
홈페이지 www.bybooks.co.kr

암 환자가 1000회 등반으로 터득한 치유의 길

산의 마음을 배우다

권부귀 지음

바이북스
ByBooks

20여 년 동안 돈 버는 일, 일상의 일들은 뒷전에 두고 산만 다닌 듯하다. 긴 세월 동안 어느 하나의 일에 열중했으면 전문인이 되지 않았을까 살짝 의문이 들기도 한다.

후회는 없다. 내가 좋아하는 일에 시간을 투자했기 때문이다. 덕분에 건강을 얻었으며, 마음부자도 되었다. 언제나 가고 싶으면 갈 수 있는, 산이라는 안식처도 만들었다.

많은 사람들이 갈 데가 없다고 푸념들을 한다. 나이 든 사람들에게 그런 소리를 더 자주 듣는다. 그들에게 산을 권한다. 산은 오르기만 하면 좋은 친구가 되어준다. 자연이라는 친구만큼 더 좋은 친구가 세상에 어디 있을까?

내가 처음 산을 찾은 이유는 건강을 찾기 위함이었다. 산은 암 선고를 받은 내게 돌파구이자 피난처였다. 산에서 건강을 찾은 후에는 몸에서 우러나오는 생체리듬의 소리를 듣게 되었다.

그 소리는 평생 산에 머물라는 메아리였다. 이제 산은 운명으로 내게 다가왔다.

'일과 산행을 병행하자. 산이 살길이다.'

먼 나라 페루의 마추픽추를 가기로 한다. 경유 시간이 길어지면 이틀은 걸리는 거리다. 여러 조건들이 발목을 잡지만, 마추픽추에 비중을 두니 다른 일들은 조금은 묻히게 된다.

출발 당일 공항에서 비행기 자리를 배정 받으려니, 미국 비자를 요구한다. 미국 공항에서 잠깐 경유하는 조건이라, 우리는 당연히 비자가 필요 없을 거라 예상했다. 그런데 그 예상이 보기 좋게 빗나간 것이다. 비자 대행업체에 비자를 의뢰한다. 시간상 비자가 발급되려면 예약한 비행기표는 취소할 수밖에 없다. 결국 출발은 다음날로 미뤄지고, 70% 이상 비싼 항공료를 지불하게 된다. 여행의 시작부터 주머니 눈치를 봐야 하는 상황이다.

언제나 일상에서는 많은 일들이 돌출한다. 산행에서도 마찬가지다. 여럿이 함께하는 산행이라면 더 말할 것도 없다. 문제가 발생했을 때 가장 좋은 해결책은 나눔, 그리고 배려이다. 이를 알아가는 과정은 '산꾼'의 자질을 만들어가는 여정이 된다. 흔히들 구력이나 경력을 이야기할 때 이 자질이 도마 위에 오른다.

'뭐 하러 이렇게 힘든 코스를 완주하려 하나? 여유롭게 계곡이나

숲속에서 놀면 되지.'

산행 중 빡센 오르막길에서 이런 의문을 가질 때도 참 많았다. 그런데 그 의문은 천 번이 넘는 산행을 가능하게 한 발판이 되었다. 의문이 나를 걷게 했고, 산의 정상에 서게 했다. 의문은 답을 찾고 싶은 욕심을 불렀고, 그 욕심이 나를 움직이게 했다.

보통 사람의 욕심은 화를 부르기 마련이다. 하지만 나의 경우 산행에 대한 욕심은 많은 선물을 안겨주었다.

첫째, 건강이다.
둘째, 천 개의 정상이다.
셋째, 나눔과 배려를 심어주었다. 마음부자로 만들어주었다.

나와 함께 산에 동행하는 이들은 대부분 마음부자들이다. 지금도 우리는 산행을 앞두고 도시락을 서로 준비하겠다고 한다. 보잘것없는 일 같지만 산행에서 도시락 준비는 큰 일이다. 도시락은 먹을 때는 힘이지만, 먹기 전까지는 짐이다. 그 짐을 지는 것을 마다하지 않는 마음은 산을 닮은 마음이다.

암벽 지대를 지날 때는 로프의 도움을 받는다. 아니면 동행하는 산우들에게 도움을 받는다. 이렇게 도움이 빈번한 산행은 직접 몸으로 배우는 삶의 현장이다. 우리 삶은, 그리고 우리 세상은 서로 돕고 힘을 나눌 때 훨씬 가치가 높아진다. 도우려는 마음은 마음부자의 마음이며, 산의 마음이다.

참으로 많은 산 친구들의 전화번호는 귀한 재산이다. 천 개가 넘는 전화번호를 가지고 있다. 긴 세월이 허수룹게 보낸 시간은 아니다. 그 많은 번호들이 나의 힘이며, 믿음이다. 위험에 처했을 때 "도와주세요!" 하면 언제든지 달려올 친구들의 전화번호다. 천 개의 전화번호는 천 개의 산과 맞먹는 가치가 있다.

차례

1 | # 위암
3기입니다

조직 내에서 질서를 무시하고 무제한 증식하는 미분화 세포로 구성된 종괴. 원발병소에서 개체의 어떤 기관이든 전이해 새로운 성장 장소를 만들 수 있어 개체의 생명을 빼앗아 갈 수 있는 질환군을 총칭한다.

과학백과사전에서 암은 이와 같이 정의한다. 얼마나 무서운 병인가. 요즘은 의술의 발달로 완치율과 생존율이 높아졌지만, 2000년대 초기만 해도 암 선고를 받게 되면 눈앞이 깜깜하다는 말이 먼저 나왔다.

암은 나하고는 상관없는 질병인 줄 알았다. 그런데 마흔넷 젊은 나이에 암이 내 앞에 버티고 서 있었다. 몸과 마음이 꽁꽁 묶여 꼼짝달싹할 수가 없었다. 내가 무슨 죄를 많이 지어 이런 큰 병을 얻었는지, 누구에게든 묻고 싶었다.

암은 인생의 선물이었다

"왜 하필이면 나에게 이런 시련을 주시나요?"

나는 암 선고를 받고 이렇게 외쳤다. 마음은 거부와 부정으로 가득 찼다. 도망가고 싶었다. 다른 사람들이 아픈 것은 눈에 들어오지 않았다.

'내가 최고로 아프고, 내가 최고로 힘들구나!'

누구에게나 말 못할 고통이 있다. 삶의 굴곡이 있다. 어떤 사람은 이를 더디게 이겨나가고, 어떤 사람은 빠르게 대처한다. 그대로 무너지는 사람도 있다.

암이란 굴곡을 만난 나는 구렁텅이에 빠졌다. '왜'라는 짧은 단어에 스스로를 가두게 되었다. '하필이면'이라는 단어에 침몰하게 되었다.

지난날 나는 암보험을 권유했던 사람들에게 반감을 가졌었다. 나름 떳떳하게 살았다고, 벌을 받을 이유가 없다고 자만했다. 암은 결코 나에게 오지 않을 질병이라고 믿었다. 그런데 정작 암이라는 진단을 받자 나는 흔들렸다. 스스로에게 독설과 야유를 보냈다.

'나는 떳떳하지 못했는가? 살면서 무슨 죄를 지었을까?'

초등학교 시절 기생충 퇴치 운동을 했다. 일 년에 한 번씩은 회충약을 복용하던 시절이었다. 평소 나는 자주 속이 메스꺼웠고, 침이 구토처럼 올라왔다. 엄마는 회충 때문이라면서 동네 분들에게 치료법을 듣고 와서는 나에게 석유를 먹였다. 석유를 먹으면 회충이 다 죽는다니, 아무것도 모르는 나는 넙죽 받아먹었다. 그 후유증은 침이 올라오는 고통보다 더 심했다. 세월이 흘렀지만 그 기억은 아직도 생생하다. 지금 생각하면 참으로 어이없는 회충 퇴치법이었다.

건강하지 못한 어린 시절이 계속되었다. 가난도 이어졌다. 힘겹게 성장을 한 나는 결혼을 해 가정을 꾸렸다. 시부모님을 모셨다. 나름 잘하고 싶은 욕심에 살림살이를 비롯해 모든 일들에 눈에 나지 않도록 열심을 다했다. 꾸지람 들을 구실을 만들고 싶지 않았다. "잘못했습니다."라고 말하는 상황이 죽기보다 더 싫었다. 하지만 나는 완벽한 사람이 아니었기에 꾸지람을 피할 수가 없었다. "잘못했습니다."를 거듭하게 되었다. 지금 생각하면 그렇게 잘못지도 않았는데…….

알게 모르게 받는 시집살이의 스트레스에 위가 망가졌다. 위내시경 검사를 여섯 번이나 받았다. 어린 시절 잘못된 회충 퇴치법으로 손상된 위는 급기야 암세포에 점령당했다.

'왜 하필 나에게…….'

그러나 원인 제공자는 결국 나였다. 모든 것을 수긍하고 받아들여야 할 사람도 결국 나였다. 암에 걸린 사람은 나이기 때문이다. 암은 신의 뜻일까? "왜 하필 나에게 이런 복을 주십니까?"라는 기도가 절로 나오는 일은 왜 일어나지 않을까?

1960년대 한국은 가난했고, 우리 집도 가난했다. 가난으로 인해 회충약 대신 석유 한 종지를 내미는 엄마에게 어린 딸은 "엄마, 어떻게 석유를 줄 수 있어요?" 하고 감히 말할 수 없었다. 엄마의 마음을 너무나 잘 알기에 두 말 없이 꿀떡꿀떡 받아넘겼다. 그때 받아넘긴 것은 석유만이 아니다. 가난이 주는 고통과 시련이었다. 나는 그것을 이겨내야만 했다. 잘 이겨내며 살아왔는데, 암이 날 쓰러뜨리려 하다니!

"고통은 견딜 수 있을 만큼만 주십시오. 열심히 살았습니다. 최선을 다했습니다. 무엇이 부족합니까?"

독기 어린 말들이 막 쏟아져나왔다.

그러나 시간이 흐르자 암이 택한 사람이 남편이 아니고, 아들이 아니고, 나인 것이 다행이라 여겨졌다. '하필 가족이 아니라 나에게 주신 것'에 감사했다. 나는 암을 견딜 수 있는 에너지를 부여받은 사람이었다. 강한 의지로 강한 사람이 되어, 나를 살리고 집안을 살리라는 운명에 던져진 사람이었다.

TV에 어떤 남자 암환자가 나와 본인의 암 투병기를 이야기한다. 그는 복수가 차서 배꼽에서 물이 나올 정도로 증세가 심각하다.

"3개월입니다. 준비하세요."

담당의사의 말에 그는 이렇게 대꾸한다.

"아닙니다. 여기서 끝낼 수 없습니다."

그는 산山이라는 치유의 길을 택한다. 그리고 기적적으로 완쾌된다. 자연이 주는 음식을 먹고, 자연과 놀고, 자연이 주는 마음에 감사하자 자연이 기적을 선사한 것이다.

나 역시 자연과 잘 놀고 나서 치유를 받았다. '하필이면?' 하는 물음이 긍정으로, 감사의 느낌으로 바뀌었다.

이제는 시간이 아까운 줄을 안다. 그래서 어떻게 살까 고민도 하고, 나와 가족의 건강을 지키려 애쓰고, 인색함 대신 베풂을 실행하려 노력도 한다. 삶에 여유를 가지려 하고, 여행의 설렘도 느끼려 하고, 모르는 것을 배우려 한다.

이제는 무엇이 중요한 줄을 안다. 그래서 아프기 전 예사로이 지나보냈던 모든 것들을 소중하게 대하고 있다. 그 사사로운 것들이 사실은 나를 일으켜 세운 주역이라는 것을 깨닫고 겸손하게 살아가고 있다.

남편의 소중함도 사실 암을 겪으며 새삼 느끼게 되었다. 남편은 나를 정성으로 간호했다. 잠이 많은 사람이 졸음까지 참아가며 내 병 수발을 드는 모습에 나는 감동했다. 그동안 살면서 남편에게 받은 스트레스가 다 달아났다. 남편이 나를 이렇게 끔찍이 생각하는 줄 몰랐다. 살기 바빠 무관심한 줄만 알았더니, 막상 어려운 상황에서는 남편이 최고였다.

세상사 참 욕심대로 되지 않는다. 투병생활을 통해 이 진리를 더 여실히 깨달았다. 욕심을 비우니 화낼 일도 그리 많지 않았다. 감사한 일이 더 많아졌다. 거듭 이야기하지만 하필 가족이 아니라 나인 것에 대해 지금도 감사하다. 결국 암은 인생의 선물이었다.

바빠서 죽을 시간이 없습니다

죽음은 나이 들어 생명이 다할 때 온다고 생각하며 살았다. 교통사고나 화재와 같은 재앙으로 덜컥 불행한 죽음을 맞기도 하지만, 평범하게 살다가 기력이 쇠진해 죽는 것이 자연의 섭리이다. 나도 그 섭리에 따를 것이라고만 생각했다. 봄에 싹이 트고, 여름 신록을 넘어 가을이 되면 낙엽이 떨어지듯이 사람도 자연을 닮은 모습으로 살다 가는 것으로만 여겼다. 죽음은 먼 세계의 이야기처럼, 그리고 남의 이야기처럼 들렸다.

나는 마트를 운영하는 자영업자다. 대부분의 자영업자들처럼 주말이 없고, 공휴일도 없다. 휴가철은 더 바쁘다, 명절과 크리스마스에는 식구들끼리 맛있는 음식을 먹으며 영화를 보거나 여행을 떠나기도 하지만, 좋은날, 이름있는 날이 더 바쁘다.

사실 자영업자에게 여행, 영화, 외식 등 그 모든 일들은 사치다. 나는 밤 12시에 일을 마치고, 다음날 아침 8시면 일터로 가기 위해 집을 나선다. 그 틈새 시간에 밑반찬도 만드는 등 집안일을 한다. 때문에 마트 문을 닫은 뒤 먹는 치킨과 맥주 한 잔이 여가생활의 전부나 다름없다. 살림도 만만치 않은 노동이다. 집안에 제사라도 있는 날이 면 두세 시간 만에 제사음식을 다 하고 일터로 달려가야 하므로 노동 은 배가된다. 그래도 힘들지 않았다. 희망이 있으니까.

경제적 안정을 이루어 노후대책이 마련되면 여행을 마음껏 다닐 수 있다는 희망이다. 두 아들 교육비와 살림에 도움을 줄 수 있다는 희망도 있다. 자영업은 열심히 일한 만큼 수익이 보장되는 편이다. 노후는 안정적일 것이라는 느긋함으로 나는 정신의 안정을 얻었다.

두 아들은 참 듬직하다. 마트 일이 바쁠 때는 곧잘 와서 도와준 다. 어른들이 일하는 일머리를 잘 안다. 이것은 이렇게 하라고 일러 주면, 설명한 것보다 더 잘해낸다. 신기한 점은 맏이와 둘째가 성격 이 완전히 다르다는 점이다. 아무튼 두 아들 모두 속 썩이지 않고 잘 자라주었다.

시집살이가 벅찰 때 아들들은 큰 힘이 되었다. 위안이 된 것은 물 론이고, 목적이 되기도 했다. 나는 시부모를 공경하는 모습이 두 아 들에게 산교육이 된다는 생각에 더욱 며느리로서의 도리를 다했다. 또한 아들들에게 손주로서의 예절을 가르치기도 했다. 가령 밥상에 서는 항상 "할아버지 할머니 먼저 드세요."라는 말을 하도록 가르쳤 다. 어머니의 지도에 잘 따라준 아들들에게 감사하다.

나는 집안의 살림 전문가가 되지는 못했지만 돈 버는 일에는 결코 게으름을 피우지 않았다. 손발이 시린 겨울에도 새벽시장에 나가 주 부들의 눈높이에 맞는 야채를 들여오곤 했다. 그런 노력과 부지런함으로 마트 매출을 점점 늘려갔다. 김장철에는 절임배추도 팔았다. 배추 절이기는 완전히 노가다 수준이다. 같이 일하는 직원 이모들이랑 장화를 신고 끙끙대며 소금 절임을 했다. 간이 맞게 잘 절여지면 배달을 나갔다. 하루 절이는 양이 있으니 순서대로 주문을 받았다. 우리 집 김장은 생각지도 않았다. 오직 마트 일이 우선이었다.

동지가 되면 팥죽을 끓여 팔았다. 중국산 팥은 잘 삶아지지 않아 꼭 국산 우리 팥으로 팥죽을 끓였다. 새알심도 손수 쌀을 물에 불려 방앗간에 부탁해 만들었다. 그 정성이 손님에게 통했는지 하루 100그릇 정도는 거뜬히 나갔다.

정월대보름에는 아홉 가지 보름나물이 대인기다. 국산으로 마련해 엄마의 손맛을 내어 주니, 손님마다 맛있다는 칭찬을 아끼지 않았다. 자연스레 매출도 올랐다.

1년 절기에 따라 매출에 도움을 주는 아이템들이 있다. 가령 여름에는 뭐니뭐니해도 미숫가루다. 미숫가루에 들어가는 재료를 그냥 볶기만 하면 마시는 사람의 속이 불편할 수 있다. 그래서 나는 주방용 가스버너에 각종 재료를 쪄서 말린 다음 볶아냈다. 그렇게 속을 편안하게 해주는 미숫가루를 만들었다.

직장 다니는 주부들을 위해서는 반찬을 한두 가지 만들었다. 퇴근하고 온 워킹맘들은 저녁식사 준비 시간이 부족하기 일쑤이고, 그래서 급하게 요리를 하는 경우가 많다. 나는 그 워킹맘들의 초조한 마음을 헤아리며 반찬을 만들었다. 일하는 엄마를 기다린 가족들이 먹는다는 생각으로 맛과 진심을 담았다. 주부들은 그 진심을 알아주었다. 덕분에 매출도 올리고 주부들의 일손도 덜어주는 일거양득의 효과를 얻었다.

장어국, 추어탕, 된장국, 재첩국 등 국 종류도 몇 가지 준비했다. 새벽시장에서 싼 야채를 구입해 원재료를 그대로 팔기도 하고, 만들어 팔기도 했다.

이렇게 바지런히 일하니 아플 시간도 없었다. 못 견딜 만큼 피곤해도 고작 링거 정도로 몸을 추슬렀다. 그 보상은 돈이었다. 이만큼 일해서 돈을 벌지 않았다고 하면 거짓말이다.

세월이 한참 흐른 지금 나는 손가락의 지문이 지워졌다. 밋밋한 손가락을 보며 나는 스스로에게 미소를 보낸다.

'일을 참 많이도 했구나!

몸은 생각하지 않고 오직 일만 했다고 해도 과언이 아니다. 옛 어르신들이 돈도 벌 시기가 있다고 했는데, 그 말씀을 진리로 여기고 돈 벌 시기를 놓치지 않으려 몸부림쳤다. 몸이 상하는지, 몸 안에서 어떤 병이 자리 잡고 있는지 신경 쓸 겨를이 없었다. 아니, 어쩌면 모르는 척했는지도 모르겠다. 그때 주변 사람들은 보장성 보험을 많이 들었다. 안면 있는 보험설계사들은 내게 암보험을 강력하게 권하기도 했다. 하지만 나는 적금형 보험만 들어주었다. 암보험을 들면 암이 걸릴 확률이 높아진다는 엉터리 논리를 펴면서.

'내가 왜 암보험을 들어? 보장성보다 적금을 들어 빨리 재산을 늘려야지!'

나는 이런 생각에 사로잡혀 있었다. 그즈음 속쓰림이 잦았는데도 그저 위궤양인가보다 자가 진단을 하면서. 자녀들에게 고액 과외도 시켜줄 수 있는 돈을 아프다는 이유로 멀리할 수 없었다.

속쓰림은 몸이 보내는 이상 신호였다.

'주인님, 왜 이러세요? 몸이 변하고 있어요!'

나는 그 신호를 무시했다. 일시적인 컨디션 다운으로 여기고 묵살했다. 그 묵살에 몸은 반기를 들었다.

'주인님, 이제 좀 쉬어 가시죠. 저는 더 이상 지탱할 기운이 없어요. 저는 책임 안 질 겁니다.'

그 호소에 하는 수 없이 병원을 찾았다. 그런데 의사에게 반갑지 않은 이야기를 들었다.

"큰 병원으로 가세요. 안 좋은 것이 있습니다."

없는 시간을 내어 종합병원에서 재검을 했다.

그리고 또 정신없는 나날을 보냈다. 검사 결과가 나오는 날에도 마트 일에 병원 갈 시간이 없어 남편에게 부탁했다.

"오늘 결과 나오는 날이니 좀 다녀오세요. 혹시 위궤양이면 사정 얘기하고 약 좀 받아오세요."

남편에게 맡긴 뒤 마트로 출근했다. 주방에는 손질할 야채가 박스째 쌓여 있었다. 손놀림이 빠르지 않으면 오후 4시 이전 시장 시간에 맞춰 손질해내기 어려웠다. 야채는 시간 싸움이다. 특히 여름철에는 박스 안의 열기와 야채 자체의 열로 인해 금방 야채가 녹아내렸다. 그나마 때는 겨울이라 야채가 녹아내릴 위험은 없었다.

한창 야채를 손질하고 있는데 남편이 마트로 왔다. 그런데 표정이 어두웠다.

"왜 얼굴이 어두워요?"

"의사가 약을 안 줬어요."

"왜 그랬을까? 약 좀 주지."

나는 처음부터 위궤양이라 단정 짓고 있었기 때문에 남편을 더는 채근하지 않았다. 남편도 별다른 말은 없었다.

얼마 후 둘째아들이 대학 수능 시험을 치르는 날이다. 나는 알아서 잘하겠지 하는 믿음으로 마트 일만 돌보았다. 저녁때 수능 시험을 마친 아들이 마트로 찾아왔다.

"아들, 수능 잘 쳤어?"

"그럭저럭요."

"놀아라. 고생했어."

간단한 대화를 끝으로 아들을 내보냈다. 그러고는 다시 나의 일상인 마트에 집중했다.

그날 밤 일을 마치고 집에 돌아오니 둘째아들은 없었다. 수능에서 벗어난 해방감을 만끽하느라 밤새 놀 작정인 모양이었다. 그런데 남편이 심각한 표정으로 말했다.

"좀 앉아 봐요."

나는 고개를 갸우뚱하며 앉았다. 남편이 더 심각해진 얼굴로 입을 열었다.

"우리 집에 큰 걱정거리가 생겼어요. 당신, 암이에요."

"지금 무슨 얘기예요?"

"난 집을 팔아서라도 당신 살릴 거예요. 내가 무슨 일이라도 해서 당신 고칠 거예요."

나는 무슨 소리냐고 계속 반박했지만, 남편의 대답은 한결같았다. 내가 위암이라는 것이었다. 남편의 태도에 변화가 없자 그제야 사실이 인정되었다. 소리 없는 눈물이 흘러내렸다. 인정의 눈물이었다.

"정말 열심히 살았는데, 욕심이 있다면 일 마치고 여행 다니는 것뿐이었는데, 정말 개떡 같은 소리네요. 그래, 얼마나 되었대요?"

"3기라네요."

나는 울었다. 가슴이 따가울 만큼 펑펑 울었다. 울다 쓰러져 잠이 들었다.

다음날, 남편이 지인 소개로 부산대학병원에 입원 날짜를 잡아 두었다는 소식이었다. 나는 며칠 있으면 시어머니 기일이므로 제사 모시고 입원해야 한다고 고집을 부렸다. 하지만 입원일을 확정했으니 당장 준비해서 가야 한다고 남편은 엄포를 놓았다. 나는 절충안을 내놓았다. 그래서 우선 입원했다가 집에 잠깐 와서 제사 모시고 다시 입원해서 수술을 받기로 합의를 보았다. 무슨 여유로움인지……. 사실은 시위였다. 시어머니께 하는 시위였다.

'어머님, 시집 와서 여태껏 불평하지 않고 제사 모시고 정성을 다했는데, 이건 너무 가혹하지 않습니까?'

마침내 수술대에 오르는 날, 수술복으로 갈아입은 나는 침대에 눕혀진 채 수술실로 들어갔다. 너무 무서워 눈을 감았다. 간호사가 무언가를 물어도 눈을 감고 대답했다. 수술실의 모습조차 무서워서 보고 싶지 않았다.

간호사가 물었다.

"괜찮으세요?"

할 말이 없었다. 그래서 나는 대답했다.

"네."

나의 대답이 허공을 떠다니는 기분이었다.

'마취주사만 맞으면 돼. 나는 살아날 거야.'

눈을 감은 채 이 생각만 했다. 이윽고 더 이상 예쁜 간호사의 목소리가 들려오지 않았다. 나는 살아나기 위해 깊은 잠에 빠져들었다.

주인님,
잘 먹고 운동하세요

여자중학교를 다녔다. 학교 가는 길은 비포장도로를 걸어서 십릿
길이었다. 완행버스가 지나가면 뿌연 먼지에 코를 막고 먼지가 가라
앉을 때까지 한참을 서 있었다. 걸어서 다닌 이유는 간단했다. 차비를
아껴 새로 나온 뽀빠이과자를 사 먹기 위해서였다. 지금은 웃을 일이
지만, 마땅한 간식이 없는 시절이었다. 나와 같은 시골 애들은 고구
마나 밤이 전부였다. 과자는 도시 애들이나 먹을 수 있는 간식이었다.

걸어서 학교를 오고간 추억은 그 시절 친구들과 모두 나누어 가졌
다. 지금도 모이면 이야깃거리가 웃음거리가 된다. 경제발전 5개년
계획이 진행되고, 경부고속도로가 완공되는 1970년. 여전히 처절하
게 가난했던 때의 추억이다.

뽀빠이과자를 먹고 싶어 먼지 나는 십릿길을 걸었던 시절은 완전
히 옛날이 되었다. 이제는 먹고 싶은 것, 몸에 좋은 것을 가려서 먹는
시대다. 유기농인가, 성분이 어떤가, 천연 재료의 비율은 높은가, 수
입산인가 국산인가 등을 꼼꼼하게 따진다. 물론 어디까지나 자의다.

하지만 나는 아니다. 타의에 의해 음식을 철저하게 따져야만 하는 상황이 내게 벌어졌다. 위암, 소화기와 관련된 병이므로 음식을 가려서 먹어야 하는 불행한 일이 생긴 것이다.

위암 수술을 받고 처음으로 먹은 음식은 맹물 같은 미음이었다. 미음이라도 먹을 수 있어서 감사했지만, 맛난 음식을 눈앞에 두고 못 먹는 상황은 그야말로 고문이었다. 며칠 지나자 미음은 죽으로 바뀌었다. 역시 감사했지만, 고문의 고통도 나를 괴롭힌 것은 사실이다. 건강할 때 음식을 먹는 일은 행복한 잔치라는 것을 뼈저리게 깨달았다. 몸을 지탱하고 약을 먹기 위해 억지로 먹는 음식은 삼키기조차 어려웠다. 입안에서만 돌고 넘어가지 않는 음식을 꼭꼭 씹어 삼키는 일은 책임과 의무의 이행이었다.

퇴원을 하고 집에 돌아와서 거울을 들여다보았다. 살이 빠져 앙상한 몰골에 나는 고개를 돌려버렸다. 그날 이후 거울이 싫은 여자가 되었다.

아프다는 소식을 듣고 지인이 찾아왔다. 그분은 상황버섯을 들고 왔다.

"항암식품으로는 상황버섯이 최고예요. 꼭 상황버섯을 드셔야 해요."

남편은 암 치료에 좋다는 말에 물불 안 가리고 덜컥 400백만 원 가까운 돈을 내고 상황버섯을 구입했다. 그런데 그 버섯은 지금까지 싱크대 서랍에서 잠자고 있다. 상황버섯이 아니고 동남아국가에서 잘 자라는, 꽤 큰 영지버섯인 듯하다. 남편은 상황버섯이 어떻게 생겼는지도 잘 모르면서, 급하니까 부르는 가격 그대로 서둘러 구입한 것이다. 그분은 아픈 사람의 심리를 악용해 거짓으로 물건을 판 것이다. 비록 '상황버섯'은 먹지 않았지만 음식에 대해 감사를 가지며 먹는 일에 힘썼더니 몸이 서서히 회복되기 시작했다. 음식은 감사함으로 먹을 때 약이 된다는 생각이 들었다.

운동을 병행하니 소화력도 차츰 나아지기 시작했다. 입맛도 돌았다. 건강할 때는 운동은 생각조차 하지 않았었다. 운동은 나에게 사치였다. 나의 관심사는 오직 '경제적인 여유', '잘 살아보세'였다. 육체노동이 곧 운동이 되는 줄 알고 일만 했다. 헬스장에서 역기를 들지 않아도 주방에서 무거운 상자를 들면 된다고 생각했다. 하지만 노동과 운동은 달랐다. 운동은 몸에 맞는 맞춤형 움직임이라면, 노동은 몸을 혹사시킬 수도 있는 강제형 움직임이었다.

나의 운동이란 마당을 천천히 걷는 일이었다. 나는 걸으면서 일중독으로 살아온 삶을 되돌아보았다. 열심히 살았지만, 열심히만 사느라 건강을 돌보지 않으면 안 된다는 것을 깨달았다.

몸을 위해서 운동을 해야 한다는 생각에 이르기까지 40년이 넘는 세월이 걸렸다. 일상이 바빠 여유로워지면 해야겠다는 생각만 막연히 품고 살았었다. 등산에, 에어로빅에, 헬스에, 다양하게 운동을 즐기는 친구들은 다들 한가한 줄 알았다. 그런데 대부분은 바쁜 시간을 쪼개서 운동에 투자하는 것이었다. 나는 아픔을 겪고 나서야 운동의 필요성과 정당성을 알게 되었다.

쉬어 가야 한다. 바쁘게 가는 것이 꼭 빠르게 가는 것은 아니다. 이제 나는 앞으로 달려가기만 하지 않는다. 옆도 보고, 뒤도 돌아본다. 어떤 꽃이 피어 있는지 눈을 주고, 하늘색은 어떤지 고개를 든다. 바람의 방향을 느끼고, 바람을 맞고 있는 그 시간을 음미한다. 친구들을 만나도 늘 "나 빨리 가야 돼."라는 말부터 인사말로 던지곤 했는데, 이제는 그 말을 맨 뒤로 미뤄두었다. 이 자리를 빌려 친구들에게 고마움을 전한다. 오자마자 빨리 가야 된다고 설레발을 치는 나를 친구들은 늘 너그럽게 대해주었다.

많은 사람들이 아픔 뒤에 건강을 챙기려 한다. 그때는 두세 배의 수고가 든다. 안타깝게도 삶의 교훈은 언제나 뒤늦은 후회를 동반하고 나타난다. 평소에는 누군가의 조언도, 자신이 말하는 마음의 소리도 귓등으로 듣곤 한다. 바로 그때, 지금 귀 기울였어야 했다. 자신을 혹사시키는 삶, 노동이 운동이라고 생각하는 삶, 다음으로 미루는 삶은 몸을 신음하게 만든다. 신음소리를 이 순간 들어야 한다. 건강을 잃는 일상은 고통이다.

이젠 바꾸어야 산다. 몸이 제법 회복되었을 때 나는 수영을 배웠다. 수영은 재미있는 온몸 운동이다. 배우다 보니, 욕심도 생겼다.

'더운 나라에 여행 갔을 때 수영도 못하고 가만히 앉아 있으면 안 되지.'

나는 이 욕심을 채우기 위해 새벽반에 등록해 결석 없이 다녔다. 자유형, 평영, 배영, 접영 등 여러 수영법을 익혔다. 다른 사람보다 실력이 느는 속도는 느렸지만 건강을 위해 하는 것이라 조급해하지 않았다. 다른 사람이 초급에서 중급으로 진급할 때 나는 초급에 한 달 더 머무르기도 했다. 중급에서도 역시 한 달 더 버텼다. 아무튼 그렇게 노력한 결과 근력도 붙고 물과도 친해졌다. 타고난 맥주병이라 실력은 부족하지만 접영을 흉내 내는 정도까지는 이르렀다.

운동으로 몸을 회복시키니 엔돌핀이 돌기 시작했다. 죽어가던 세포가 주인이 자기를 살리려 애쓰고 있음을 눈치 채고 서서히 깨어나기 시작했다. 결국 주인의 수고로 세포는 살아나고, 주인도 새 삶을 얻게 되었다. 세포가 말했다.

'주인님이 최고여!'"

천만다행이다

불의의 사고를 피하거나 위급한 상황을 넘겼을 때 우리는 천만다행이라는 말을 한다. 불가항력의 찰나 어디선가 움직이는 도움의 손길은 감사를 자아낸다. 조카가 어렸을 때 기차 뒤칸에서 놀다가 떨어진 일이 있었다. 외할머니 댁으로 가는 즐거운 여행길에 엄청난 사고를 당한 것이다. 생명에는 지장이 없었지만 많이 다쳐 알아보지 못할 정도로 부상이 심했다. 하지만 다행히 치료를 잘 받고 완쾌되었다. 정말이지 죽음의 고비였다. 그 고비를 넘긴 조카는 어엿하게 성장해서 장가도 가고, 아기도 낳으며 행복한 생활을 하고 있다. 당시의 상황을 떠올리면 지금도 아찔하다. 가끔 조카를 만나면 "정말 천만다행이었어." 하고 웃곤 한다.

살면서 천만다행인 일이 왜 없겠는가. 한번은 설악산 산행 중에 팀원들과 떨어져 혼자 된 적이 있었다. 합류해야 하는데 마음만 바빠지고 거리는 더 멀어졌다. 불안했다. 어서 가고 싶은 마음에 서둘렀다. 오르막이었다. 나무뿌리를 밟아야만 올라설 수 있기에 밟고 섰는데, 썩은 나무뿌리가 뽑히면서 그대로 떨어지게 되었다. 순간 손이 움직여 풀뿌리를 낚아챘다. 천만다행으로 추락을 면하게 되었다. 하느님이 도왔다는 말로밖에 설명할 수 없는 상황이었다.

내 몸의 암세포가 전체로 전이되지 않음도 천만다행이었다. 위암 3기는 치료의 가능성이 있는 희망적인 상태였다. 나는 그 실낱같은 희망이 주어짐에 감사했다. 그 결과 부정은 긍정으로, 불행은 다행으로 바뀔 수 있었다.

암 선고를 받은 나는 하느님에게 이런 불평을 터뜨렸다.

"위암 3기라니요. 이것은 저의 죗값입니까? 제가 무얼 잘못 했습니까?"

그때 들려온 하느님의 음성은 나를 일으켜 세웠다.

'그나마 다행이지 않니? 가망이 없어 세상을 떠나는 사람을 보지 않았니? 이 시련은 너를 더 단단하게 만들기 위한 나의 사랑이란다. 조금 쉬어가고, 뒤도 돌아보고, 주위의 아픈 사람들도 한번 살펴보아라. 이 병은 너를 완성하기 위한 사랑의 매라고 생각해라. 돈 버는 일이 전부인 것처럼 살지 마라. 주어진 시간을 잘 써라. 쉬어가는 것이 낭비가 아니고 재충전의 시간이라는 것을 깨달아라.'

'다행'은 '많은 행복多幸'이다. 행복은 정말로 행복하게 살기를 바라는 사람을 응원하는 듯하다. 자신만의 이기적인 행복이 아니라 이웃의 행복도 기도하는 이에게 보다 많은 행복이 찾아오는 듯하다. 고난을 이겨낸 사람이 대개 성숙해지듯이 나 역시 한 뼘 자라났다. 이제는 이웃에게 유익이 되고, 누군가에게 도움을 주며 베푸는 삶을 꿈꾼다. 그렇게 다시 태어나 제2의 인생을 살고자 한다. 그것이 '천만다행'을 겪은 사람의 도리가 아닐까 싶다. 나는 사명감을 느낀다.

"같이 가지 않을래요?"

'다행'이 나에게 다가와 이렇게 묻는다. 이것은 응원이다. 나는 다시 우뚝 서야 한다.

고난이 찾아왔을 때 불만만 내뿜는 어리석음을 범하지 말자.

"도와주세요."

"최선을 다하겠습니다."

"다행입니다."

"감사합니다."

이렇게 주문을 걸듯 말하며 고난으로부터 승리하자.

산을 오르기까지는 고난이지만, 정상에 오르면 모든 것이 보인다. 희망이, 행복이, 감사가 보일 것이다. 지금 이 시간 모두가 이것을 보기를 기도한다.

삶을 사랑하는 일

삶을 사랑하자는 말을 많이들 한다. 명품 옷을 걸치고 명품 가방을 메고 값비싼 레스토랑에서 종업원들에게 서비스를 받으며 우아하게 식사하는 것이 삶을 사랑하는 일일까? 아니면 건강을 해치는 줄 알면서도 파자마 바람으로 밤 12시에 마누라 눈치 안 보면서 라면에 소주 한잔 걸치는 게 삶을 사랑하는 일일까? 아무도 정답을 가려내지 못한다.

인생에는 정답이 없다. 삶을 경험해 본 사람은 그렇게 말한다. 정답이 없다고 생각하는 사람 손들어 보시오, 하면 손들기 귀찮아하는 사람을 제외하고는 모두 손을 들 확률이 높다.

자신의 방식대로 삶을 사랑하면 된다고 생각한다. 여행이 취미인 사람은 여행을 떠나자. 예쁜 옷 사기를 좋아하는 사람은 눈치 보지 말고 쇼핑을 즐기자. 흔히 '아이 쇼핑'이라고 하는 윈도우 쇼핑이어도 좋다. 먹거리를 좋아하는 사람은 마음껏 맛집을 찾아다니자. '먹방'도 괜찮다.

나는 나름대로 정의 내린다. 자신이 좋아하는 일을 하는 것이 삶을 사랑하는 것이라고.

혹시 나의 정의가 정답에 가깝다면, 어쩌면 삶을 사랑하는 일이 그다지 어려운 일이 아닐지도 모른다. 어쩌면 우리는 자신이 좋아하는 것이 무엇인지 모르거나, 아니면 놓치고 살고 있는 것은 아닐까?

삶을 사랑하기 위해 내가 저지른 일이 하나 있다. 56세에 대학에 입학한 것이다. 평생 사각모를 쓰고 싶은 간절함이 내게 있었다. 그리고 4년 뒤 마침내 나는 61세의 내게 사각모를 씌웠다. 대학 졸업장도 선물로 주었다. 대학 생활은 즐거웠다. 젊은 학우들과 MT를 가고, 일본으로 졸업 여행도 다녀왔다. 캠퍼스에서 치킨과 맥주로 낭만도 즐겼다. 나는 학우들에게 사랑을 듬뿍 받는 큰 복을 누렸다. 덕분에 마음부자가 될 수 있었다. 대학 시절 4년은 기억의 앨범에 아름다움으로 쌓여 있다.

삶을 사랑하는 일에 대한 정의를 한 가지 더 추가하고 싶다. 삶을 사랑하는 일이란 바로 '살아 있음'이다. 이 정의 역시 정답인지는 알 수 없다. 얼마나 많은 사람들이 동의할지도 미지수다. 그러나 건강을 잃은 사람, 또는 잃어본 경험이 있는 사람에게는 남다르게 다가오리라 생각한다.

일단은 살고 보아야 한다. 생명이 붙어 있어야 맛있는 음식도 먹고, 예쁜 옷도 입고, 명품도 살 것 아닌가. 먼저 건강해야 한다. 건강하지 않으면 모든 것이 무용지물이 된다. 건강을 회복하고 건강한 삶을 유지할 때 모든 일을 이야기 할 수 있다. 건강을 챙기는 것은 삶을 사랑하는 일의 제1순위이다.

그렇다면 어떻게 건강을 지킬 수 있을까? 우선 몸의 건강을 위해서는 운동이 필요하다. 마음의 건강을 위해서라면 긍정과 감사다. 나는 몸과 마음의 건강을 위해 산을 타기 시작했다. 숲속의 길은 내게 천국으로 가는 길이었다. 자연에도 천국이 존재하고 있었다. 천국에서의 한때는 무념을 실현할 수 있는 시간이었다.

그런데 산을 타기에는 체력이 부족했다. 체력 보강을 위해 스쿼시를 배웠다. 스쿼시를 하자 폐활량이 늘어 산 타기가 훨씬 수월해졌다. 그러자 좀 더 욕심이 생겼다. 여럿이 산행할 때 매번 꼴찌로 들어오는 내가 싫어진 것이다. 언제나 내가 도착하면 일행이 다 도착했다는 신호가 떨어졌는데, 그 신호를 듣고 싶지 않았다. 나는 스쿼시에 더 열심을 냈다. 그리고 결국 꼴찌를 면했다. 나의 '삶의 신문'이 있다면 대서특필될 사건이다.

대서특필될 사건이 또 하나 있다. 골프를 배운 일이다. 골프는 자연이 주는 햇살과 바람, 공기 등을 감사히 잘 써야 한다는 마음을 심어주는 운동이다. 골프장이 곧 자연이기 때문이다. 골프장에서의 기본 규칙과 골프 매너는 인간관계에서도 그대로 적용된다. 나는 골프장에서 알게 된 인연들과 소중한 삶과 시간을 나누었다. 모두가 규칙과 매너를 지켰기에 가능한 일이었다. 골프를 통해 좋은 사람들과 좋은 이야기로 꽃 피우는 시간이 행복이라는 것을 배울 수 있었다. 삶이 건강해질 수 있었다.

마음부자는 어떤 사람일까? 사람마다 기준이 다르겠지만, 내 기준은 이러하다. 마음의 양식이 풍부한 사람, 진리를 추구하는 사람, 베풀기를 좋아하는 사람, 아픈 사람을 지나치지 못하는 사람, 이웃과 나누는 사람, 욕심 부리지 않는 사람…….

그러나 사실 이런 사람이 되기는 쉽지 않다. 먹고사는 일을, 가족 부양을, 스펙 쌓기를 우선순위에서 뒤로 두었다가는 생활부터가 어려워지기 십상이기 때문이다.

그래도 마음부자가 되는 길을 걸어가는 것이 어떨까?

"나중에 잘살게 되면 다 하게 되는 것이여."

이러면서 미루기 시작하면, 언제까지나 미루게 된다는 사실을 체험으로 알게 되었다. 마음부자가 많아지면 우리 사는 세상이 한결 살기 좋은 곳이 되리라 믿는다. 본인이 그 주인공이 되고 싶은 마음은 없는지 조심스레 묻고 싶다.

2 | 아프니까
산에 간다

수술 후 살이 10kg 더 빠져서 앙상해졌다. 과격한 운동은 몸에 무리를 주기에 마당에서 쉬엄쉬엄 놀아준다. 추운 겨울, 집 안에서 감기 조심하면서 약을 잘 챙겨먹는 것이 하루 일과다. 숙제는 몸 건강하게 돌보기이다. 어린아이의 요구를 들어주듯 몸의 요구를 잘 들어주어야 한다.

봄이 되니 양지에는 매화가 꽃봉오리를 품고, 쑥이 봄의 전령사로 고개를 내민다. 마당을 나가고 싶은 마음이 대문 밖으로 발을 내민다. 얼었던 땅이 녹으면서 질퍽해지니 새싹들이 고개를 내밀기에 적당하다. 꽁꽁 언 땅에서는 어린 새싹이 고개를 들 수 없다.

마침내 공기가 대지를 부드럽게 깨어주니 새싹은 스스로 싹을 틔운다. 자연은 이와 같이 공생한다. 공생은 자연의 섭리다. 사람은 이 섭리를 즐기기만 하면 된다. 나도 즐기고 싶어 몸 상태를 잊은 채 동네 뒷산을 오른다. 이 외출이 나를 자칭 산꾼으로 만든다.

동네 뒷산의 위엄

　살기에 바빴다. 아침 8시에 출근해 밤 12시에 돌아왔다. 틈틈이 시간을 쪼개 집안일도 처리해야 했다. 동네 뒷산이 얼마나 높은지, 오르는 데 시간이 얼마 걸리는지 알아볼 새가 없었다. 출근길에는 뒷산을 오르는 사람들이 제법 있었다. 그때 나는 뒷산을 미래의 운동 장소로 지목해 두기만 했다.

　'난 나중에 일 그만두고서 다녀야지.'

　이제는 현재의 운동 장소가 되었다. 동네 뒷산은 숲도 좋을뿐더러 매연도 덜하다. 특히 좋은 점은 그리 높지 않다는 점이다.

　뒷산에 처음 오른 날 이런 감탄사가 터져나왔다.

　"아! 얼마 만에 맡아보는 산 냄새인가? 바람인가?"

　몸의 체중이 쑥 내려가는 기분이었다. 나는 작은 숲길을 아껴 걸었다. 호흡의 거센 소리를 들으면서.

　'산이라고는 한 번도 가지 않았는데, 아프니까 가게 되는구나!'

　아픈 나를 받아주는 산이 고마웠다. 아카시아 향기로 나를 반겨줄 때는 몸서리치게 흥분되기도 했다. 산을 오르고, 산과 함께하면서 몸은 서서히 제자리를 찾아갔다. 동네 뒷산의 힘은 참 대단했다. 이렇게 인연을 맺은 동네 뒷산은 새해 첫날 해돋이를 보기 위해 오르는 특별한 곳이 되었다.

동네 뒷산은 내게 크고 높은 산을 꿈꾸게 했다. 건강이 많이 회복되면서 나는 그 꿈을 향해 집을 나섰다. 뒷산은 남편에게 맡기고 먼 지역의 산을 찾아다녔다. 그러면서 점점 산 맛에 취해갔다. 그동안 남편은 뒷산을 잘 맡아주었다. 매일 산에 올라 운동기구도 이용하며 근육을 키웠다.

꾸준히 산에 다닌 나는 급기야 산이라면 사족을 못 쓰는 산병에 걸렸다. 왕복 8시간 버스를 타고 다녀오는 일도 마다하지 않았다. 산병은 질병이 아니다. 산을 좋아하는 병일 뿐이다. 건강에 유익한 병이다.

1박 2일 지리산 종주를 했던 때가 기억난다. 첫날 22km를 걸었고, 다음날은 12km를 걸었다. 무리한 산행으로 무릎이 뻐근했다. 휴식을 취하라는 몸의 신호였지만 이미 산병에 걸린 나는 산의 매력에 더 심취하며 그 신호를 무시한다. 좋아서 하는 짓은 못 말린다는 옛말이 틀리지 않음이 증명된다.

"네 시작은 미약하였으나 네 나중은 심히 창대하리라."라는 성경 구절처럼 뒷산의 작은 걸음이 모여 큰 걸음이 되었다. 뒷산에 오르지 않고 마당에서만 놀았다면 먼 산과 높은 산은 엄두도 내지 못했을 것이다. 뒷산의 오르내림이 체력의 밑바탕이 되어 주면 용기를 얻고 시

'산이라고는 한 번도 가지 않았는데, 아프니까 가게 되는구나!'
아픈 나를 받아주는 산이 고마웠다.
아카시아 향기로 나를 반겨줄 때는 몸서리치게 흥분되기도 했다.
산을 오르고, 산과 함께하면서 몸은 서서히 제자리를 찾아갔다.

도해 볼 수 있는 계기가 되었다.

마트 운영을 시작했을 때 나는 삼십대였다. 장사의 '장'자도 모르는, 한낱 전업주부에 불과했었다. 몇 년을 운영하고 나서야 제법 장사꾼의 면모를 갖출 수 있었다. 그때는 싸게 파는 도매상은 물론 도매상 주인의 성격까지 파악할 수 있었다. 그 정보는 거래에 큰 도움이 되었다. 이와 같이 경험과 구력은 프로로 만들어준다. 산행에서도 마찬가지다. 나는 산을 알아가면서 프로로 성장할 수 있었다.

제주도 한라산 산행을 하는 날이었다. 나를 포함해 세 명의 산쟁이들이 백록담에 도전했다. 부지런히 올라 진달래산장에 다다랐다. 조금만 늦게 도착했으면 백록담으로의 등반이 불가했을 시간인데, 다행히 통과는 되었다. 그런데 그때부터 눈이 내리기 시작했다. 일기예보도 확인하지 않은 상황에서 올라왔으니, 갑자기 내리는 폭설에 팀원들은 술렁였다. 산을 내려가야 한다는 팀원, 계속 오르자는 팀원, 의견은 반반이었다. 나는 '오르자'는 쪽이었다. 내가 만약 동네 뒷산에서 체력을 기르지 않았다면 당연히 '내려가자'에 한 표 던졌을 것이다.

결국 계속 오르기로 결정이 내려졌다. 나는 동네 뒷산에서 얻은 용기로 다시 걸음을 옮겼다. 악조건이지만 정상을 밟는다는 의지뿐이었다. 눈 속에 푹푹 다리가 빠져도, 그래서 체력이 빠르게 소모되어도 의지를 굽히지 않았다. 그렇게 한 발짝씩 옮기다 보니 어느덧 정상이었다.

"정상이다!"

누군가의 그 한마디에 힘듦이 사라졌다. 정상에 서게 해주어 감사하다는 기도가 흘러나왔다.

한라산 정상을 함께 밟은 세 명의 산쟁이들은 서로를 자랑스러워했다. 우리는 폭설의 한라산에서 실컷 놀았다. 그리고 곤경에 처했을 때 밀어붙이는 힘이 필요하다는 것을 깨달았다. 물론 물러서는 것이 더 좋은 결과를 가져올 때도 분명 있다. 그것을 판단하는 지혜는 역시 경험에서 생긴다. 우리 산쟁이들은 그날 아주 귀한 경험을 한 것이다.

나는 힘들 때 같이 놀아준 동네 뒷산에게 감사하다. 동네 뒷산처럼, 인생에서 작은 것을 무시해서는 안 된다는 큰 깨달음을 얻었다. 작은 것은 큰 것의 밑천이 되고 기본이 된다. 나는 나를 변화시켜준 동네 뒷산이 자랑스럽다. 그래서 친구가 놀러오면 "우리 좀 걷자." 하면서 슬그머니 동네 뒷산으로 데리고 간다. 자랑하고 싶어서. 동네 뒷산에게 보답하고 싶어서.

우연히 만난 우연한 기회

'우연히'라는 단어를 좋아한다. 내게는 나쁜 뜻보다 좋은 뜻으로 쓰이는 경우가 많기 때문이다. 소식을 몰랐던 옛 친구가 어떻게 지낼까 궁금했는데, '우연히' 길에서 만난다. '우연히' 들른 식당이 맛집이다. 여행길, '우연히' 내 옆자리에 앉은 사람 덕분에 기분이 좋아진다. '우연히' 옷깃을 스친 사람이 좋은 이야기를 들려준다. 기억 속에 남은 우연들이 살며시 미소를 머금게 한다. 산행에서도 우연은 좋은 일을 몰고 온다. 산어귀에서 만난 인연이 전해주는 산 정보는 산쟁이에게는 우연이 주는 행운이다.

산악회에 처음 몸을 담게 된 것도 우연이다. 어느 날 가쁜 호흡을 고르면서 동네 뒷산을 힘겹게 오르고 있는데, 이런 말이 들려왔다.

"우리 산악회 오세요."

모르는 동네 아저씨였다. 내가 환자인 줄 모르는 아저씨는 뒷산을 자주 오르는 나를 기억했다가 말을 건넨 것이다. 솔직히 '제 상황을 보고 말씀하세요'라고 대꾸하고 싶었다.

"등산은 못 해요."

"산 좋아하시는 것 같은데, 부담 갖지 마세요."

"전 가고 싶어도 몸이 안 좋아 못 가요. 폐만 끼칠 겁니다."

"괜찮습니다. 운동도 되고 좋을 텐데요."

"갈 수 없는 사람에게 권유하는 것도 실례입니다."

그 아저씨와 헤어지고 나서 생각했다. 나는 스스로를 '산에 갈 수 없는 환자'로 섣불리 결론내린 것은 아닐까?

시간이 흐르며 마음이 조금씩 움직이기 시작했다. 현대그룹 고 정주영 회장의 유명한 한마디 "이봐, 해봤어?"가 자꾸만 귓가를 맴돌았다. 그러다 내 마음속에서 이런 목소리가 들렸다.

'너도 해봐. 가봐. 못 따라가면 절반만 가면 되잖아. 꼭 처음부터 끝까지 가야 하니?'

동네 아저씨와 다시 마주쳤을 때 나는 말했다.

"네, 산악회 가겠습니다. 폐를 끼치더라도 좀 이해해 주십시오."

난생처음 산악회를 따라가는 날. 걱정과 설렘으로 산악회 버스에 올랐다. 산악회 사람들이나 나나 피차 낯설기는 마찬가지. 회원들은 처음 온 사람이 어떤 사람인가 궁금증 어린 눈으로 나를 쳐다보았다. 나는 고개만 살짝 숙여 인사한 뒤 안내해 주는 자리에 앉았다. 산행지는 통영 사량도이다.

뱀이 많아 사량도라 부르는 섬. 목적지는 그곳의 옥녀봉이다. 옥녀의 아버지는 혼기가 찬 딸을 범하려 했다. 그러자 옥녀는 봉우리에 올라 몸을 던졌다. 봉우리에는 옥녀의 핏자국이 아직 남아 있다고 한다. 이 슬픈 전설을 간직한 봉우리가 바로 옥녀봉이다.

산에 얽힌 전설을 뒤로하고 산행을 시작했다. 곧바로 나의 체력이 문제를 일으켰다. 꼴찌로 간신히 대열에 따라 붙었다. 대장님이 뒤를 돌아보며 수시로 체크했다.

"잘 따라오는가요?"

"먼저 가십시오. 천천히 갈 테니, 신경 쓰지 마십시오."

이를 악물고 걸었다. 그러나 이를 악물어도 바닥난 체력을 끌어 올릴 수는 없었다. 더 걸으면 화가 될 것 같았다. 결국 나는 하산을 선언했다.

"더는 못 가겠네요. 처음 산행이라 그렇습니다."

하지만 거짓 핑계를 댔다. 암 수술 후 몸이 정상이 아니라는 얘기는 하기 싫었다.

그렇게 옥녀봉 첫 산행은 중도포기라는 오명을 남긴 채 막을 내렸다. 중도포기는 했지만 얻은 것은 있었다. 산악회를 알게 되었고, 산행을 할 수 있는 방법을 찾게 되었다. 이것만으로도 첫 산행은 대성공이었다.

우연히 만난 동네 아저씨가 내게 산쟁이가 되는 길을 터주었다. 정말이지 우연이 물고 온 복이 아닐 수 없다. 세상 모든 사람들이 우연으로 일어나는 복을 꼭 잡았으면 하는 소망을 품어본다.

이상한 작가님을 만났다. 역시 우연히.

기회는 이때다 싶어 작가님에게 하소연했다.

"글을 쓰고 싶은데, 마음만 있을 뿐 어떻게 써야 할지 모르겠어요."

작가님이 대답했다.

"끈기와 인내를 가지고 쓰십시오. 질이 아니라 양이 우선 되어야 합니다."

그 말이 왜 그다지도 가슴에 다가왔을까? 이상한 작가님이 구세주로 보였다.

나는 작가님의 말에 힘을 얻어 글을 쓸 수 있었다. 작가님과의 만남은 우연이 안겨준 행운이었다.

'우연한 기회'는 누구에게나 온다. 이때 그냥 지나치기 쉽다. 해보지도 않고 할 수 없다고 결론 내릴 수도 있다. 못할 것이라는 지레짐작은 서글픈 일이다. 희망과 행복을 놓칠 수도 있기 때문이다. 나도 동네 아저씨가 건네준 우연한 기회를 외면했다면 대한민국의 아름다운 산들과 인연을 맺지 못했을 것이다. 재미없고 반복되는 생활에서 벗어나지 못했을지 모른다.

인류에게 유익을 끼친 항생제 페니실린도 우연한 기회에 발견된 것이다. 1928년 여름 미생물학자 플레밍은 포도상구균을 기르던 배양접시를 배양기 밖에 둔 채 휴가를 다녀왔다. 휴가에서 돌아온 플레밍은 배양접시에서 박테리아의 성장을 억제하는 곰팡이가 자라고 있는 것을 발견했다. 이 우연한 발견으로 인류에게는 선물과도 같은 페니실린이 발견된 것이다. 만약 그때 플레밍이 지저분하다거나 재수없다는 이유로 배양접시를 버렸다면 어떻게 됐을까?

누구나 우연을 발판 삼아 창조적인 삶을 만들 수 있다. 그런 능력이 우리에게는 있다. 우연을 기회로 삼을 수 있는 특별한 비법은 사실 잘 모르겠다. 내가 아는 바는 스스로를 되돌아보고, 이웃을 살피고, 사고를 깨우려는 노력을 부지런히 하는 것뿐이다.

결론은 '할 수 있다'

살다 보면 그 순간에 바로 결정해야 할 상황도, 고민하면서 시간을 두고 결정해야 할 상황도 일어난다. 산행 중에도 그러한데, 암릉을 통과해야 할 경우엔 고민할 시간이 없다. 우회 할 길이 없으므로 바로 진행해야 한다. 산행 중에는 이런 구간들이 많이 나온다.

'할 수 있을까? 지나갈 수 있을까?'

초보자의 경우 위험 구간에서 이렇게 망설이다가는 오히려 안전사고를 유발할 가능성이 높다. 혼자 힘으로 하지 말고 차라리 능숙한 다른 산우에게 도움을 받는 편이 낫다.

그 망설임의 시간들이 모이다 보니 어느덧 1,000회 산행을 하게 되었다. 도움 받은 일들이 얼마나 많았는지 새삼 부끄럽기도 하다. 감사함에 미소가 배어나오기도 한다.

옛 추억이 새록새록 떠오른다. 용하장성의 암릉을 만났을 때 배낭만 먼저 보내고 도움을 받으며 개구멍을 통과했던 일, 설악에서 거북등을 타듯 암릉에 몸을 붙여 통과했던 뿌듯함, 동석산에서 남자분들이 풀어준 허리벨트를 잡고 올라갔던 구간, 지리산 비 탐방로에서 길을 잃어 잠시 멍한 상태로 있다가 위험을 면한 사건…….

첫 산행에서 포기를 맛보았던 옥녀봉에의 두 번째 도전도 잊을 수 없다. 지금은 철 구조물인 안전장치가 생겨 쉽게 오를 수 있지만, 두 번째 도전을 할 당시에도 안전장치가 부족해 자일을 이용해야 했다. 중간쯤 올랐을 때 공포가 엄습해왔다.

'어떡하지?'

어떻게 해야 할지 몰라 멈추고 말았다. 오도 가도 못해 매달리고만 있자 두려움이 더 가중되었다. 이럴 때는 빨리 생각을 바꾸어 행동에 옮겨야 두려움에서 벗어날 수 있는데, 그때까지만 해도 나는 그런 경지에 도달하지 못했다. 팔의 힘이 점점 빠져나갔다. 외줄이기 때문에 누구도 도움을 줄 수 없었다. 혼자의 결정과 혼자의 힘으로 벗어나야 했다. 그 상황을 파악한 나는 '과연 내가 할 수 있을까?'라는 망설임은 뒤로하고 용기를 냈다. 마침내 두려움에서 벗어날 수 있었다.

암릉처럼 위험한 구간에서는 빠른 결정이 필요하다. 그 결정력을 얻으려면 용기와 담력을 갖추어야 한다. 할 수 있다는 자신감은 절박한 상황을 벗어나는 데 아주 중요한 마음가짐이다. '과연 할 수 있을까?'라는 질문은 의심을 불러오고, 의심은 용기를 밀어낸다. 부정의 생각이 강해질수록 자신감은 추락하고 만다.

버킷리스트를 작성했다. 작성하면서 역시나 나도 '과연 할 수 있을까?'를 먼저 고민했다.

1. 세계여행 – 너 영어 소통도 안 되는데 할 수 있어?

2. 책 한 권 꼭 쓰기 - 책은 아무나 쓰나? 어떻게 쓸 건데?

3. 작은 도서관 짓기 - 건물 있어? 돈 있어?

4. 피아노로 몇 곡 연주하기 - 너 피아노 연습은 하니?

5. 박사 학위 취득 - 공부도 안 하면서? 발표는 잘할 수 있어? 그 부분도 약하잖아.

6. 산 정상에 1000회 서기 - 무슨 소리야? 그 약골로 어디를 가?

할 수 없다고 생각하면 어김없이 부정의 답이 떠오른다. 단순한 것 같지만 할 수 있다고 생각을 바꿔야 한다. 나 역시 첫 산행을 포기한 뒤 '과연 나는 할 수 있을까?'라는 의문에 계속 얽매여 있었다. 이 의문을 물리치지 않았다면 정상을 1,000번이나 오르지는 못했을 것이다.

'많은 사람들이 줄지어 오르는 곳을 나만 힘든 가슴을 안고 반대의 길로 걸어야 하다니!' 이 울분이 오랫동안 나를 괴롭혔다. 그런데 오히려 이 울분이 다시 일어설 수 있는 에너지가 되기도 했다. 울분은 할 수 없을 거라는 의문을 지워내는 힘이 되었다.

나는 정상에 꼭 가야만 했다. 누군가는 욕심이라 말할 수도 있겠지만, 내 열정을 정상에 심어두는 것이 내게는 큰 기쁨이다. 욕심이 없었다면 산을 사랑까지는 못했을지 모른다. 가까운 숲에서 치료를 위해 잠시 머물다 가기만 되풀이했을 것이다. 나는 산을 치료의 공간, 그 이상의 공간으로 만들고 싶었다. 그래서 정상을 꿈꾸는 것이다.

산행 초기에는 정상까지 밟고 오는 날이면 기진맥진했다. 다음날 아침 일어날 수가 없을 정도였다. 쓸 수 있는 몸의 에너지를 다 소진한 상태라 하루는 가만히 쉬어야 했다. 경험과 경력이 쌓이자 쉬어야 하는 날이 점점 줄어들기 시작했다. 건강이 회복된다는 증표였다. 몸이 좋아지자 나는 더욱 긍정적으로 변해갔다. 산이라는 친구가 생겼다는 사실에 살맛이 났다.

출근할 수 있을 정도로 건강이 회복되고 체력도 붙었다. 주인 없이 움직이고 있던 가게에 나가자 자질구레한 일들이 눈에 띄었다. 구석구석 손길이 필요했다. 그래도 직원들이 내가 없는 빈자리를 지켜준 것만으로도 감사했다. 사실 사업장 문을 닫아야 하는 실정이었는데, 직원들 덕분에 위기를 넘겼다. 내가 낫기만을 기다리며 가게를 지켜준 모든 직원들에게 다시 한 번 감사를 전한다. 묵묵히 열심히 일하는 아름다운 사람들!

"우리 예쁜이들 고마워요!"

다시 마트 일에 집중했지만, 일에 올인하지는 않았다. 일주일에 한 번은 내가 좋아하고 사랑하는 산으로 줄행랑을 쳤다. 내가 살 곳의 1호는 산, 2호는 사업장이 되었다. 삶에서 건강이 1순위, 일은 2순위가 되었다. 이 순위를 잘 지키며 살아야 한다. 암의 재발 위험을 줄이기 위한 방편이다. 암은 재발하면 더 힘든 병이다. 무조건 재발을 막아야 한다.

가족이 암에 걸려 고통받고 있는 집들이 많다. 내가 해줄 수 있는

나는 정상에 꼭 가야만 했다.

누군가는 욕심이라 말할 수도 있겠지만,

내 열정을 정상에 심어두는 것이 내게는 큰 기쁨이다.

욕심이 없었다면 산을 사랑까지는 못했을지 모른다.

이야기는 한 가지뿐이다.

"나는 산에서 치료 받고 완쾌되었습니다. 물론 산에만 가면 자동으로 암이 사라지는 것은 아닙니다. 저는 '암, 너에게 질 수 없어. 어디 해보자.' 이렇게 의지를 불태우며 암과 싸웠습니다. 긍정의 힘이 나를 살린 것입니다. 그렇다면 산은 무엇을 했느냐고요? 내가 긍정의 힘을 낼 수 있도록 기운을 불어넣어주었습니다. 고통에서 빠져나올 수 있게 무념의 상태로 만들어주었습니다."

기왕 말을 꺼낸 김에 한마디 더 해야겠다.

"'과연 할 수 있을까?'는 다음에 생각하세요. '할 수 있다'로 먼저 결론을 내리십시오. 스스로에게 말하세요. '너한테 지고는 다음이 있을 수 없어. 내가 너한테 꼭 이길 거야.' 설렁설렁 말하지 말고 단호하게 선포하십시오."

긍정 외에는 답이 없는 것 같다. 긍정의 마음을 품을 수 있는 것도 축복이 아닐까 싶다. 그런 의미에서 나는 축복받은 사람이다.

옥녀봉에 도전하다

몰골은 더 이상 나쁠 수가 없다. 겨울철 나뭇잎이 다 떨어진 나무 같다. 밥은 생각지도 못한다. 죽만 계속 먹으니 질린다. 죽 재료를 몇 번이나 바꿔도 오래가지 못한다. 죽은 직접 끓인다. 간호해줄 식구가 없다. 다들 맡은 일들이 있으니 아침이면 혼자 덩그러니 남는다. 죽을 끓인 뒤 간식을 준비한다. 천연 우리 농산물로 만드는 주스다. 중간 중간 마시는 물은 버섯물이다. 상황버섯으로 만든 물을 많이 마신다. 내가 먹는 것은 딱 네 가지다. 죽, 주스, 버섯물, 항암치료약. 더 먹을 수 있는 것이 없다. 식욕도 없고 소화력도 부족하다. 하루하루가 기다림의 시간이자 건강 찾기에만 전력을 다하는 시간이다.

산악회를 알게 된 시기도 혼자 놀고 있을 때였다. 직장인은 일터로, 학생은 배움터로 나가지만 아픈 사람은 병원 아니면 놀아줄 사람도 없기에 혼자 노는 법을 알아야 한다. 혼자서라도 놀지 못하면 더 우울해진다. 하지만 가능하기만 하다면 혼자 놀기는 피하는 것이 좋다.

여럿이 모이는 곳으로 가야 한다. 거기에는 웃음이 있고, 이야기가 있고, 소식이 있다. 그것들이 잠시나마 병을 잊게 해주고 우울함을 달래준다. 움직임이 자유롭다면 축복이다. 움직일 수 없는 환자들은 어쩔 수 없이 혼자 놀 처지다. 움직일 수 있다면 다른 사람과 함께 움직이며 놀자. 내가 산악회에 나간 것처럼 말이다.

내가 산악회에 나가겠다고 하자 남편은 놀랐다.

"산엔 어떻게 갈 건데?"

"어떻게 가긴요? 따라가죠."

"그런 얘기가 아니잖아요."

"무슨 말 하려는지 알아요."

"좀 더 몸이 좋아지면 가지."

"언제 좋아지겠어요? 산 다니다 보면 좋아지겠죠."

"정 그러면 초입에서 놀다가 와요."

"그러죠. 한번 가보고 와서 이야기할게요."

여하튼 가기로 작정을 하니 마음이 들떴다. 초등학교 시절 소풍을 준비하던 그 마음이었다.

하지만 앞에서 이야기했듯 첫 산행은 실패였다. "첫술에 배부르랴."라는 속담이 꼭 들어맞은 것이다. 첫술에 배는 부르지 않았지만, 그래도 첫술이 내게는 좋은 보약이 되었다. 그 첫술로 인해 미래를 준비하는 태도를 갖추었기 때문이다.

옥녀봉으로의 첫 산행은 산이라고는 한 번도 타보지 않은 나에게는 자연과의 생소한 만남이었다. 그런데 곰곰 생각해 보니 옥녀봉만이 아니었다. 당장 내일 일어나는 모든 일들이, 내일 나에게 다가올 모든 것들이 생소한 만남이었다. 그 만남을 준비하고 사는 것이 지혜로운 삶이었다. 행복에 가까이 가는 삶이었다.

우리는 미래의 시간들을 위해 준비해야 한다. 신랑을 맞는 신부의 마음으로 미래를 맞이해야 한다. 신랑을 위해 미리 식사 메뉴를 정하고, 장을 보고, 야채를 다듬어 두어야만 신랑이 왔을 때 그득하게 상을 차릴 수 있다. '오면 하지' 하는 마음으로 손 놓고 있다면 밥상은 풍성해지기 어렵다. 느닷없이 신랑이 집에 일찍 오기라도 한다면 난감한 상황에 처하고 만다.

옥녀봉으로의 첫 발의 실패는 실패가 아니었다. 내일을 위한 준비였다. 실패를 실패로만 여기고 그대로 포기했다면, 나는 산이라는 신랑을 맞이할 수 없었을 게 뻔하다. 이제 나의 신랑은 내가 차린 상을 기뻐하며 박수를 친다.

첫 실패 후 옥녀봉을 몇 번 다녀왔다. 아는 산쟁이랑 종주의 긴 코스도 소화해냈다. 그 산쟁이가 산행 후 말했다.

"언니, 아직 살아있네?"

이제는 건강했던 사람보다 더 건강해졌다.

건강을 자랑하지 말라고 하지만 자랑하고 싶다. 정상을 1,000번이나 밟았으니 자랑을 해도 너그럽게 이해해주기를 바란다. 내가 산 꼭대기에 오른 횟수를 매긴 건 단순히 정복의 만족감을 느끼기 위해서는 아니었다. 차근차근, 한 걸음씩 나아가는 발전의 발자취를 남기고 싶었기 때문이다. 1,000번의 정복은 18여 년이라는 시간에 걸쳐 만들어진 것이다. 내가 정복욕에 도취했다면 더 빠른 시간에 달성했을 것이다.

천 개의 정상을 다니는 동안 무엇보다 중요한 건강을 되찾았고, 계절마다 아름다운 자연을 보았다. 설악산의 사계, 지리산의 사계, 한라산의 사계, 금강산의 숲길과 전국 100대 명산의 풍경, 그리고 동네 야산의 아기자기함까지 모든 것이 눈에 밟힌다. 덕유산의 폭설에 길을 잃었다가 산우들과 힘을 모아 무릎까지 빠지는 눈길을 걸어 안전하게 돌아온 추억은 여전히 영화처럼 생생하다. 산행은 그 자체가 인생길이었다.

산행에서는 힘든 구간에서 포기하면 더 난관에 빠지는 경우가 많다. 돌아갈 수도 없는 상황이고, 우회할 수 있는 길도 없다면, 힘들어도 앞으로 나아가는 것이 최선의 선택일 때가 많다. 그야말로 개척하는 것이다. 삶에서 난관에 부딪쳤을 때 어떤 선택을 하겠는가? 지금까지 해온 것이 있어 돌이키기는 어렵고, 딱히 차선책도 보이지 않는다면? 그때는 다시 한 번 각오를 다진 뒤 앞으로 진행하는 것이 나을 것이다.

산행에서는 이따금 길을 잃을 때가 있다. 대체로 눈길이나 악천후 상황에서 길을 잃곤 한다. 이때 산꾼들은 길을 잃고 더 걷는 일을 아르바이트 즉 '알바한다'고 이야기한다. 예측하지 못한 당황스러운 상황을 긍정적인 마음가짐으로 풀어내려는 의도가 담긴 표현이다.

산행 중에 길을 찾지 못하고 헤매다가 갈림길을 만나면 어느 방향으로 잡아야 할지 의견들이 분분해진다. 이때 길눈이 밝은 산우의 의견을 따르기 마련인데, 길을 잘 찾으면 천만다행이지만 그렇지 않을 경우에는 입들이 쑥 나온다.

"물도 다 떨어졌어요."

"이제 지쳤어요."

이런 원성들도 튀어나온다.

산은 한번 길을 잘못 들면 전혀 다른 방향으로 하산하게 된다. 그럴 때는 미안함을 무릅쓰고 차량을 그 방향으로 부른다. 차량 기사님은 하는 수 없이 우리가 있는 곳으로 온다. 산악회의 일정이 순조로우려면 회원들이 얼마나 길을 잘 찾아 무사히 시간에 맞추어 하산하는가에 달려 있다. 잘못하면 산우들은 물론 차량 기사님에게도 폐가 된다.

산악회의 대장님들은 그날 산행에 참가한 모든 사람들이 무사히 승차 차량에 승차하는 순간까지도 마음을 놓지 않는다. 어떤 날은 문제없이 시간들을 잘 맞추고 무사히 귀가한다. 하지만 가끔은 크고 작은 사고들로 골머리를 앓기도 한다. 산악회의 대장은 봉사정신이 필요한 직책이다.

여하튼 산꾼들도 이와 같이 산행에서 실수를 저지른다. 그 누구도 미래를 예측할 수 없기 때문이다. 하지만 실수가 적은 것은 그만큼 미래를 준비하기 때문이다. 실수를 거울삼는다는 평범한 교훈을 실생활_{산꾼들에게는 산행}에 적용하는 것이다.

산꾼들 중에는 개중에 한두 명 돌출행동을 하거나 강한 의견 피력으로 분위기를 가라앉히는 사람이 있다. 이들의 행동이나 의견은 전체의 이익에 도움이 되지 않는다고 판단될 때 반영되지 않는다. 산악회는 일심동체로 움직여야 하며, 그러지 않을 경우 안전에 영향을 미치기 때문이다. 가끔 매스컴에서 산꾼들의 추락 사고 뉴스를 접하는데, 사고의 대부분은 단체의 울타리를 독단적으로 벗어났을 때 일어난다. 돌발적인 개인행동은 본인은 물론 공동체의 미래에도 타격을 줄 수 있으므로 산꾼들은 이를 경계해야 한다.

　옥녀봉의 첫 산행은 나에게는 멋진 첫 걸음이었다. 시집가는 처녀의 마음보다 더 설레는 마음으로 옥녀봉을 향해 걸었던 것 같다. 비록 첫 걸음에서는 정상을 밟지 못하고 돌아서야 했지만, 그랬기 때문에 두 번째 걸음을 마음에 품을 수 있었다. 그런 마음을 먹게 된 것도 복이다. 나는 참 복 많은 여인인가 보다.

바닥에 누웠더니
정상에 섰다

함양군 서하면과 안의면의 경계를 이루는 황석산은 꽤 높은 산이
다. 1190m의 높이로, 암릉과 구간구간 위험한 곳이 많다. 만만하지
않은 코스이다.

황석산은 옥녀봉에 이은, 나의 두 번째 산행의 목적지였다. 나의
목적은 오직 오름이었다. 황석산을 오르기 직전 나는 마음을 단단
히 먹었다.

'민폐를 끼쳐서는 안 돼. 꼭 오르자.'

그러나 초보 산꾼인 나에게 황석산은 호락호락하지 않았다. 사실
나에게는 벅찬 등반이었다. 초보 영어 수강자가 초급 과정을 마치지
아니하고 중급으로 훌쩍 단계를 뛰어넘은 것이나 마찬가지였다. 어
느덧 민폐를 끼쳐서는 안 된다는 마음의 소리는 더 이상 들리지 않았
다. 7부 능선쯤 올랐는데 더 이상 진행이 어려울 듯했다. 새로운 마
음의 소리가 들려왔다.

'헬기에 실려 가지 않으려면 여기에 누워. 누워서 정신 좀 차려.'

호미로 막을 일을 가래로 막아야 하는 어리석은 일을 저지를 때가 아니었다. 여기서 멈추지 않으면 산악회 3~40명의 회원들과 집행부원들이 고생할 게 뻔했다. 나는 대장님의 애처로운 동정을 받으며 산 바닥에 누웠다.

눈물이 났다. 슬펐다. 체력 소진으로 나와의 싸움에서 지는 내 모습이 안타까웠다. 얼마나 시간이 흘렀을까. 정신을 차렸다. 눈물은 일어날 수 있는 힘을 주었다.

'너무 무리한 산행이지만 여기서 지면 끝장이다.'

나는 각오를 다지고 다시 일어섰다. 이미 황석산은 눈에 보이지 않았다. 오직 가야만 한다는 일념뿐이었다. 나가떨어지기 싫었다. 헬기를 부르고 싶지 않았다. 다시 움직이는 나를 산우들이 챙겨주었다. 음식도 주고, 격려도 하면서 힘을 북돋아주었다. 덕분에 한 발 한 발 나아갈 수 있었다.

어느 순간, 드디어, 나는 정상에 서 있었다. 감사 기도가 절로 나왔다.

'와! 살려주셨군요!'

옥녀봉에 이은 두 번째 산행에서 처음으로 정상을 밟은 것이다.

'바닥에 누우면서도 포기하지 않았더니 정상에 서게 되는구나!'

절망이 사라지는 기분이었다. 희망만 보이는 것 같았다. 가슴은 '할 수 있다.'라는 생각으로 부풀어 올랐다. 암이라는 큰 장벽에 부딪쳐서 울고, 원망하고, 부끄러워하면 숨었던 내 모습이 스쳐갔다.

나는 주변에 암에 걸린 사실을 숨겼다. 수술하고 며칠 뒤에 병원

옆에 사는 친구에게만 연락을 주었다. 연락하지 않으면 너무 섭섭해 할 것 같아 연락을 했다.

"병원에 입원했어. 위암이라……."

친구는 깜짝 놀랐다.

"이를 어쩌니? 내가 뭐해 줄까? 할 수 있는 건 다 해줄게."

그 와중에도 베풀려고 하는 친구의 마음이 고마웠다.

"죽이라도 해다 줄게. 환자한테는 영양 보충이 최고다, 너."

친구는 정말로 매일 죽을 끓여 날랐다. 매일 다른 죽으로 입맛을 돋우어 주기까지 했다. 그 친구를 향한 고마움은 결코 잊을 수가 없다.

황석산 정상에서 그 친구 생각이 났다. 내가 정상에 선 것은 혼자 힘으로 이루어진 것이 아니었다. 그 친구를 비롯한 많은 사람들의 도움 덕분이었다.

산꼭대기의 바람은 남달랐다. 바람은 '여기에 와서 언제든지 놀아. 놀이터로 만들어줄게.'라는 메시지를 전하는 것 같았다. 맑은 공기에 하늘과 구름, 새소리, 바람소리가 우리의 살길이라는 생각이 들었다.

황석산 정상을 밟은 나는 당당하게 집으로 돌아왔다. 그리고 밝은 목소리로 남편에게 인사를 건넸다.

"잘 다녀왔어요."

"우리 부귀 이제 살았구나."

"해냈어요."

"그러고 보면, 여자들은 강해."

"여자가 아니고요, 부귀가 강해요."

황석산과 설악산. 두 산행은 어쩌면 고행에 가까웠다.

하지만 내게는 귀한 경험이었다.

황석산에서의 산행 도중 그대로 산길에 누운 불상사는

전화위복이 되어 훗날 내가 산쟁이로 우뚝 서는 디딤돌이 되어주었다.

내가 웃고 남편이 따라 웃었다. 오랜만에 핀 웃음꽃에 걱정은 멀리 달아나고 없었다.

　무박으로 친구를 데리고 설악산에 간 적이 있었다. 가기 싫어하는 친구를 설악산 단풍이 그만이라며 설득에 설득을 해서 끌고 갔다. 그것도 청바지 차림으로. 옷차림부터가 무모한 산행이었다. 한계령에서 대청봉을 거쳐 백록담으로 내려오는 코스인데, 약 14시간이 소요되었다. 사실 나는 14시간이 소요되리라고는 예상하지 못했다. 친구는 설악산 산행이 생애 첫 산행이었다. 그런 친구에게 몹쓸 짓을 한 것 같아 너무 미안했다.
　"조금만 참자. 일단 내려가야 해."
　다른 표현을 찾지 못해 이 말만 반복했다. 정말 무리한 산행이었다. 아름다운 설악의 단풍을 눈에 담을 여력이 없었다. 긴 시간의 산행으로 후들거리는 다리에만 온 신경이 집중되었다. 어느 순간 무사히 하산하는 것이 관건이 되었다.
　친구를 다독여 간신히 백록담까지 내려왔다. 하지만 주차장까지의 거리도 만만치 않았다. 마지막 힘을 다 쏟아내야 했다. 다행히 친구의 목숨만은 살려냈다. 설악산에 가자고 친구를 회유한 것이 아주 큰 죄가 되고 말았다.
　친구는 설악산에 다녀온 이후 다시는 산행을 안 하겠다고 선언했다. 나는 충격을 받았다. 내가 좋아하는 친구이고, 그래서 앞으로 같이 산에 다니고 싶었는데 그 소박한 꿈이 물거품이 되고 만 것이다.

사실 나는 친구가 설악산이라는 난코스를 완주했기에 다음 산행은 어디를 가든 가뿐하게 해내리라 기대했다. 그런데 친구는 내 기대를 완전히 저버린 것이다.

'오오, 이 무슨 일입니까? 같이 산을 다니고 싶었는데, 다시는 산을 안 가겠다니! 이 무슨 청천벽력의 말입니까.'

나는 혼잣말로 이렇게 넋두리를 했다.

그래도 친구와의 우정은 여전히 건재하다. 무모했던 설악산 산행은 좋은 추억으로 남았다. 지금도 친구와 만나면 어김없이 그 이야기를 하며 웃는다.

이 경험은 단순하면서도 명확한 교훈을 던져주었다. 모든 일은 쉬운 것부터 차근차근 해나가는 것이 좋다는 교훈이다. 처음부터 욕심이 과하면 일을 그르치기 십상이고, 실패했을 경우 재기의 의욕마저 잃을 수 있다.

황석산과 설악산. 두 산행은 어쩌면 고행에 가까웠다. 하지만 내게는 귀한 경험이었다.

황석산에서의 산행 도중 그대로 산길에 누운 불상사는 전화위복이 되어 훗날 내가 산쟁이로 우뚝 서는 디딤돌이 되어주었다.

설악산에서의 14시간은 시간을, 삶을 견딜 수 있는 힘을 주었다. 누구에게나 힘든 일을 만나면 그 일이 전부인 줄 알고 낙담하는 경향이 있다. 나 역시 그랬다. 설악산은 그런 나를 변화시켜주었다.

이제 나는 힘든 일을 만나도 이 시간만 넘기면 더 좋은 일이 기다리고 있을 거라는 희망을 품는다. 그래서 삶이 희망적이다.

3 | 산꾼의 꿈으로 산을 오르다 ①

수없이 산을 오르면서 이런 생각을 한 적이 있었다.

'산을 타는 시간에 뭔가 배웠으면 아마 전문가가 되지 않았을까?'

산행의 시간이 길어지면서 행여 삶의 시간을 허비하는 것은 아닐까 가끔 자문해 보기도 했다. 하지만 답은 늘 똑같았다.

"허비하지 않았어."

산을 타지 않았으면 건강을 되찾지 못했을 것이고, 그랬다면 병과 싸우느라 시간을 더 허비했을 것이다.

히말라야에서 모르는 남자를 만났다. 그는 달밤에 계곡에 앉아 히말라야에 온 이유를, 전혀 모르는 우리에게 털어놓았다. 그는 의사였고, 아내도 의사라고 했다. 아무 문제없이 잘 살아가고 있었는데, 아기가 생기지 않으면서 부부 사이에 갈등이 생겼다. 그가 입양을 계획하자 갈등은 더 깊어졌다. 그는 그 고민을 가지고 히말라야에 온 것이다.

나는 그를 보며 생각했다. 그는 이미 마음의 결정을 내렸을 거라고. 그 결정을 산에게 지지받고 싶어 히말라야에 왔을 거라고. 그에게 히말라야 산행은 결코 시간 낭비가 아니었다.

산꾼들의 꿈, 지리산

산을 좋아하는 꾼이라면 누구나 지리산 종주에 대한 로망을 가진다. 남한의 지리산, 설악산, 한라산은 우리나라 3대 산이다. 그중 1967년에 국립공원으로 지정된 지리산은 3개의 도_{전라남도, 전라북도, 경상남도}에 걸쳐 있는 산이며, 한반도 본토에서는 가장 높은 산이다. 지리산의 뜻은 '지리_{智異}'에서 알 수 있다. '다름을 안다, 차이를 안다'라는 뜻이다. 차이를 인정하는 것은 꼭 갖춰야 할 삶의 자세다.

지리산은 근대 역사의 장이기도 하다. 한국 전쟁 시절에는 빨치산_{북한 유격대}의 활동 본거지 역할을 했고, 그로 인해 근처 주민들이 피해를 많이 입기도 했다. 문학작품에서도 지리산은 어떤 산보다 자주 등장한다. 그만큼 '이야기'를 많이 가지고 있기 때문이다.

지리산 사계의 아름다움에 감탄한 산꾼은 100번이고 산을 오른다. 지인 산꾼 중 한 명은 "지리산 갑니다." 하면 두 말 없이 배낭을 메고 따라나선다. 지리산은 계절마다 색다른 아름다움을 뽐내는데, 그 아름다움에 반하면 좀처럼 그 마력에서 빠져나오지 못한다. 가히 그 멋을 말로 설명할 수가 없다. 새해 달력에서 지리산 배경 사진이 단골

메뉴로 등장하는 이유이기도 하다.

　나도 지리산 당일 종주라는 꿈을 가졌다. '꿈은 이루어진다'라는 믿음을 품고, 나 자신과 약속했다.

　산 후배님과 함께 가기로 하고 종주 일을 잡았다. 걱정은 되지만 설렘이 걱정보다 더 컸다. 그날이 빨리 왔으면 하고 조바심을 냈다. 내년으로 미룰까 잠깐 망설이기도 했지만 기회가 왔을 때 기회를 잡자는 쪽으로 마음이 기울었다.

　남편에게는 통보만 했다.

　"지리산 종주하기로 후배와 약속했어요."

　"아니, 한마디 의논도 없이……."

　"의논을 했으면, '아직 몸이 정상이 아니잖아요.' 하면서 말렸을 거 아녜요. 그래서 의논 안 한 거예요."

　남편은 나를 이기지 못했다. 종주 약속을 잡고 남편에게 통보를 한 것만으로도 지리산을 절반은 오른 기분이었다.

　새벽 3시쯤 집을 나섰다. 후배님이 봉사정신으로 운전대를 잡았다. 구례공영터미널에 주차를 한 뒤 택시를 이용했다. 나중에 우리 차를 중산리에 갖다 두는 조건으로 수고비를 미리 지급하고, 우리는 성삼재로 향했다.

　아침 6시. 성삼재에서 출발했다. 산행의 시작이다. 예상 종주 시간은, 1시간에 3km를 주행하면 12시간 정도 소요될 것으로 보인다. 맑은 하늘, 적당한 풍속, 최상의 날씨다. 비가 오면 당연히 종주는 힘들어진다. 젖은 등산화와 비옷이 짐이 되고, 높은 습도로 인해 컨디션이 저하된다. 시야도 좁아져 위험하다. 무조건 맑은 날씨여야 한다.

산행 중에는 시시때때로 날씨가 변하기도 하지만 오늘 종주하기에는 날씨가 그만이었다. 우리는 최고의 복녀福女들이라는 생각이 들었다. 드디어 33.4km의 첫 걸음이 떼어졌다. 걸음이 멈출 때까지 안전사고 없이 무탈하게 마무리해달라고 기도를 드렸다.

'도와주시지 않으면 안 됩니다. 도와주셔야 합니다.'

억지 기도였다.

성삼재에서 노고단까지는 길이 포장되어 있다. 준비운동의 느낌으로 서서히 오르면 된다. 물은 산장마다 준비되어 있으니, 배낭에서 물 무게만큼은 해방될 수 있다. 얼른 노고단에 올라 사진도 찍고 싶고 야생화도 보고 싶다. 우리는 산행에 지장을 초래하지 않는 범위 내에서 빨리 움직였다. 산행에서는 속도 유지가 중요하다. 3km에 1시간을 초과하면 하산하고 마무리할 때 늦어지기 때문에 시간분배를 잘해야 한다. 속도 유지는 체력 안배인 셈이다. 육상으로 치면 단거리 경주가 아니라 마라톤이다. 전반에 힘을 소진하면 후반에 힘들어진다. 실패와 성공의 판가름은 체력 안배에 달렸다 해도 틀린 말이 아니다.

자연이 열어준 야생화 축제장이다. 이름 모를 야생화를 보는 것만으로도 산 타기는 행복하다. 축제 관람은 무료이다. 야생화 전시 기간도 꽤 길어서 관람객들이 여름내 다녀간다. 꽃들은 자기만의 색을 내면서 자랑을 하고 있다. 사람이 너무 지나치게 자랑을 하면 미움을 사는데, 야생화는 끝없이 자랑을 해도 밉지가 않다. 우리가 더 호강하는 기분이 든다. 이보다 더 화려한 꽃 전시장은 없지 않을까? 야생화에 마음을 빼앗겨 자칫 속도가 느려질 뻔했다. 너무 쉬엄쉬엄 가면 중도 하차하는 일이 생긴다. 아무리 꽃이 좋아도 시간 관리에 소홀해서는 안 된다.

하지만 결국 오후 6시에 천왕봉에 도착하는 약간의 불상사가 일어났다. 예정 시간보다 조금 늦게 도착한 것이다. 그래도 '한국인의 기상 여기서 발원되다'라는 문구가 새겨진 천왕봉의 표지석은 언제 보아도 에너지를 샘솟게 한다. 표지석 반대면에는 '지리산 천왕봉 1915m'라 새겨져 있다. 그쪽에서 우리는 대한민국 만세, 만세, 만세를 외쳤다. 이곳까지 12시간을 달려온 우리를 환호하는 만세 삼창이다.

아쉽지만 환희를 오래 누릴 수는 없다. 하산길이 5.4km 남았다. 체력 보강을 위해 빠른 시간에 남은 밥을 먹었다. 어둡기 전 8시까지는 중산리매표소까지 내려가야 한다. 깊은 산은 해가 빨리 진다. 2시간 만에 하산해야 한다. 중산리까지 가는 길은 작은 돌이 깔려 조심하지 않으며 발목을 다치는 위험구간이다. 최대한 빠르게 걷되 안전은 제1의 수칙이다. 혹시 부상을 당하면 오늘의 종주는 의미가 없어진다. 무사고의 종주가 제일의 과제이다.

여름이라 낮 시간이 길어 다행이다. 해 길이가 가장 긴 시기에 당일 종주의 계획을 세운 셈이다. 돌이 깔린 길은 돌과 돌로 보폭을 조절해 발을 놓으면 빠른 걸음으로 갈 수가 있다. 시간 단축을 할 수 있는 산행의 지혜다.

산 후배님은 산에서는 베테랑이다. 직장에서도 성실 우먼이다. 그래서 나는 후배님을 좋아한다. 같이 걷는 내내 무슨 얘기가 그리 많은지 둘이서 실컷 조잘거렸다.

그런데 이번 종주를 리드했던 산 후배님이 자꾸만 뒤로 처지기 시작했다. 앞에서 내가 끌지 않으며 종주에 어려움이 있겠다는 판단이 서서 나는 평상시 걸음보다 속도를 냈다.

"선배님, 왜 그렇게 빨리 가세요?"

"응, 이렇게 하지 않으면 우리 하산 늦어서 곤란해."

우리는 서둘렀지만, 아침 6시에 출발해 오후 6시 천왕봉에 도착했다. 산을 잘 타는 사람들은 왜 그렇게 시간이 많이 걸렸는지 의아해하겠지만, 우리는 최선을 다했다. 다른 사람들이 짧은 시간 안에 종주한 것에는 별 관심이 없다. 신경 쓸 필요가 없다. 중요한 것은 우리다. 우리가 해냈다는 것에 큰 의미가 있는 것이다. 인생은 스스로에게 의미를 두어야 한다.

마침내 우리는 하산까지 끝냈다. 대피소 앞에서 간단한 먹거리로 배를 채웠다. 뿌듯함에 배가 불렀다. 서로가 말은 안 했지만 먹으면서 몰래 다음 종주를 꿈꾸었다. 집에 오는 길, 후배님은 다시 베스트 드라이버로 변신한다. 나는 조수석에 앉아 편하게 집으로 돌아왔다.

생각해 보면 누가 종주하라고 떠미는 것도 아닌데, 왜 종주에 큰 의미를 둘까? 사람마다 의미를 두는 바는 다르기 마련이다. 산꾼은 산에 의미를 둔다. 산꾼답게 살기를 원하기에 종주를 한다. 종주는 산꾼의 삶이다.

산과 더더욱 친하게 지내고 싶다. 산행은 힘들어도 보람은 크다. 많은 추억도 남긴다. 건강에 좋은 것은 두 말 할 필요가 없다.

여름, 산 후배님과의 지리산 당일 종주는 꽤 많은 성과를 냈다. 더 성장할 수 있는 바탕을 만든 산행이었다.

동행한 산 후배님에게 감사의 마음 전한다.

연약한 두 여자의
아홉 시간 종주길

연약한 두 여자가 참 많이도 걸었다. 봉우리를 8~9개쯤 넘었다. 하산하면서 두 여자는 하이파이브를 나누었다. 열정에 대한 응원이자 위대함의 자화자찬이다.

두 여자는 오전 6시 30분에 접속해 영산호국공원으로 출발했다. 오전 7시 30분 도착. 호국공원 전적비를 둘러보고 함박산 약수터에서 산행을 시작했다. 약수터 '영산약천'은 《동국여지승람》에 '신라 경덕왕 때 체증^{위장병}에 걸려 시름시름 앓던 노모를 둔 효성이 지극한 나무꾼에게 백발노인이 알려주었다는 약수터'라 기록되어 있다. 노모는 청수를 마시고 병이 나았다고 한다.

초등학교 때쯤으로 기억된다. 어머니가 나를 영산약천에 데려왔었다. 어린 내가 어떤 속병을 앓고 있었는지는 모르지만, 약수가 효험 있다는 소문에 나를 데리고 먼 길을 온 것이다. 민간요법으로 막내딸의 병을 고쳐보자는 각오로 버스도 잘 다니지 않는 이곳을 어떻게 찾아왔는지……. 물을 먹고 간 기억은 나는데, 어떤 이동수단으로 여기까지 왔는지는 기억에 없다. 영산면 교리 398-1번지 함박산 약수터는 지금 함박공원으로 새롭게 단장되었다. 나는 그 소식을 듣고 언젠가 한번 가보자 마음을 먹었다. 어머니의 찡한 사랑이 생각나서다. 벌써 50여 년이 지났다. 돈이 없어 병원 데리고 갈 엄두도 내지 못했던 어머니가 약수 한 바가지에 희망을 걸었던 그때가.

약수터에서 나는 엄마를 불렀다.

"엄마, 천국에 잘 계시죠? 저는 옛날에 엄마가 데리고 왔던 함박산 약수터에 있어요. 건강한 모습으로 왔습니다. 엄마 기쁘죠? 이제 걱정 놓으세요."

엄마가 천국에서 잘 지내기를 기도한 뒤 나는 동행한 여자와 발길을 옮겼다. 두 여자의 본격적인 산행이 시작된다.

약수터를 중심으로 오르는 길가에서는 봄의 전령사들이 잎망울을 터뜨린다. 새순을 쏙 내미는 앙증맞음에 미소가 배어난다. 봄바람은 향기를 피워 올리고, 겨우내 혹독한 추위를 견디며 봄을 기다렸던 삼라만상이 "이제 할 말을 해야겠습니다." 하며 너도나도 고개를 내민다. 두 여자는 겸손하게 자연의 이야기에 귀 기울인다. 자연의 섭리는 불가사의하며 인간이 답을 풀 수 없는 것이 순리라는 속삭임이 들려온다.

함박산 정상까지는 긴 종주의 산행길이다. 그런데도 두 여인은 개념도 없이 대강의 눈썰미로 종주길을 걷는다. 일요일이라 산꾼들이 있을 법한데 한 명도 볼 수가 없다. 국립공원이나 유명산으로 다들 간 모양이다.

산은 우리를 배신하지 않는다.
우리가 오면 있는 그대로 받아준다.
자신의 모습도 꾸밈없이 보여준다. 산을 좋아하는 만큼
우리의 마음도 산을 닮아간다. 산을 닮은 마음은 평화롭고 여유롭다.

다섯 시간쯤 걸었을까? 남자 셋이 지나간다. 둘이서만 재잘거리던 두 여인은 이성을 만나니, 아니 사람구경을 하게 되니 반가움에 인사를 나눈다. 그들에게 산행 코스에 대한 정보를 들으며 이참에 짧은 휴식을 취한다. 그런데 큰 나무들이 잘려져 있다. 임도를 만들려 하는 것인가? 자연훼손에 열불이 난다. 우리나라의 산림법이나 산림보호정책이 좀 강화되어야 하지 않을까 싶다. 혹시 산불 예방의 차원에서 약간의 거리를 두어 숲의 이음을 절단시키는 방법일까? 그렇다 해도 보기 싫은 벌목 작업이다.

계속되는 산행 중에 이번에는 남자 산꾼 네 명을 만난다. 이들은 우리 둘과 반대의 코스를 밟는다. 역시 반갑게 인사를 나눈 뒤 서로의 갈 길을 간다.

두 여자가 가는 길에는 바위와 암릉 구간이 제법 있다. 3월이라 물은 한여름만큼 마시지는 않지만 워낙 긴 코스를 걸으니 많이 마시게 된다. 어느덧 물병 바닥이 보여서 물은 최대한으로 아끼고, 과일에서 나오는 과즙으로 수분을 보충한다. 되풀이되는 암릉 구간에서 몸이 신호를 보낸다.

"주인님, 체력 고갈이요!"

봄볕 햇살에 얼굴도 뜨겁다. 얼굴 피부가 벌겋게 달아올랐지만 다른 방법이 없다. 하지만 햇볕이 무서워 산을 타지 못한다는 것은 자존심이 허락하지 않는다.

두 여자 중 한 명은 나의 여고 시절 친구다. 친구는 알레르기 때문에 햇볕을 볼 수 없어 양산을 꼭 쓴다. 산행을 가도 파라솔을 들고 나닌다. 성향의 차이다. 모두 그런 것은 아니지만 나를 비롯한 여성 산꾼들은 대체로 피부미용보다는 산 타는 것에 더 가치를 둔다. 자외선 차단제를 바르거나 얼굴을 가리는 마스크를 쓰기도 하지만, 햇볕 때문에 등반을 포기하는 일은 드물다.

한여름에 8시간씩 산행을 하다 보면 얼굴이 익고, 한겨울에는 꽁꽁 언다. 여름이든 겨울이든 따뜻한 곳에만 가면 얼굴에 열이 난다. 이런 과정이 반복되니 피부 노화가 빨리 오는 것은 어쩔 수 없다. 여성 산꾼이 되고 싶다면 운명적으로 피부 미용에 대한 욕심은 어느 정도 내려놓아야 할 것 같다.

얼마나 더 걸었을까. 영산읍이 시야에 들어오기 시작했다. 엄지발가락 통증과 갈증으로 하산을 서둘렀다. 영축산 보덕사 방향으로 하산하니 샘물이 보였다.

'아! 살았구나!'

배가 부르도록 한 바가지 마셨다. 산행 중에 샘물은 생명수다. 오늘처럼 물을 조금 적게 준비하면 물 부족으로 고통 받게 된다. 9시간의 산행으로 두 여자는 파김치가 되었지만 산꾼의 열정으로 하이파이브를 나눴다.

"수고했어, 친구여. 근데 함박산 약수터까지 어떻게 가지?"

둘이 의논 중에 택시가 한 대 올라왔다. 우리와 반대로 산행했던 남자 넷 중 한 분이 택시 안에 타고 있었다. 반가움에 택시를 불러 세웠다.

"어떻게 필요할 때 만나죠?"

두 여자는 그 택시를 타고 주차장까지 편안하게 갔다. 시간도 절약하고 수고도 덜게 되어 기뻤다. 아니, 산행 전체가 기쁨이었다.

하지만 두 여자의 기쁨은 계속 이어지지 못했다. 그 친구는 가정 사정으로 일을 하면서 산행을 자주 즐기지 못했다. 그런데 다리에 염증이 생긴 것도 모르고 일을 하다가 탈이 생겨 산행을 쉬어야 할 처지가 되었다.

산악회에서 새로운 여자 친구 셋을 사귀었다. 사십대의 여자 셋이 만났으니, 늘 재잘거림에 접시가 깨져나갈 판이었다. 회원 가운데 정년퇴임을 한 교장선생님이 한 분 있었다. 어느 날 그분이 말했다.

"너희 넷은 결속이 필요해. 그러려면 이름이 있어야겠네."

교장선생님은 우리 넷을 묶어 사군자라는 이름을 지어주었다. 내가 말했다.

"난 죽竹하고 싶어요."

그런데 교장선생님이 이렇게 대꾸했다.

"무슨 소리여? 넌 난蘭이여."

그래서 난의 이름을 받았다.

사군자는 산악회의 꽃이다. 많은 산우들이 우리 넷을 사군자라 불러준다. 사군자는 많은 산을 같이 다녔다. 그러면서 서로를 배려했다. 가령 어느 한 친구가 정상을 가지 못하면 나머지 친구들은 그 친구를 위해 티를 내지 않았다. 정상에 가지 못한 아쉬움을 토로하는 그 친구를 말없이 조용히 받아주었다. 그것이 산꾼의 태도라 생각했다.

산은 우리를 배신하지 않는다. 우리가 오면 있는 그대로 받아준다. 자신의 모습도 꾸밈없이 보여준다. 산을 좋아하는 만큼 우리의 마음도 산을 닮아간다. 산을 닮은 마음은 평화롭고 여유롭다. 지금이라도 산에, 그리고 자연에 기대어 사는 삶을 살아보는 것은 어떨지…….

대한민국 최서남단
가거도에서 드린 기도

인터넷에서 가거도에 대해 알아본다.

> 우리 국토의 가장 순결한 땅, 가거도. 중국의 새벽닭 울음소리가
> 들릴 만큼 중국 땅과 가깝다는 우리나라 최서남단의 섬. 산세가 높
> 고 절벽으로 형성되어 웅장한 절경을 자랑하는 섬.

친절한 설명이 계속 이어진다. 가고 싶은 마음이 불끈 일어난다.
그래서 갔다. 목포에서 배를 타고. 가는 동안 일행들은 뱃멀미로
혼쭐이 났다. 다들 멀미를 잘 안 하는 편인데, 4시간 30여 분의 가거
도 뱃길에서는 기진맥진 초죽음이 된다.
배의 바닥에 누우니 조금 진정되는 듯했다. 정말 고생고생한 끝에
가거도항에 내려섰다. 땅을 밟으니 뱃멀미는 언제 그랬냐는 듯이 바
로 진정되었다. 신기했다. 역시 우리 산쟁이들은 언제나 산이 쉴 곳
인가 보다.

잠깐 몸을 회복시킨 뒤 바로 회룡산을 오르기 시작했다. 228m 높이의 회룡산 정상에 오르자 450여 명의 삶의 터전이 한눈에 들어왔다. 섬 산행의 즐거움을 누리는 시간이다. 다음은 가거도의 주산인 독실산으로 향했다. 곧 독실산 산자락에 들어서니, 가거도의 모산母山에 안기는 셈이다. 우리는 낙화한 동백꽃을 밟으며 울창한 숲길을 걸었다. 독실산 정상을 밟기 위해 오지 투어를 하듯 길을 찾았다. 그리고 당당하게 정상에 올랐다.

독실산에는 곰취가 군락지를 이루고 있었다. 뜯어주면 내년 봄에 또 파릇파릇 돋아나니 뿌리 채취만 주의하면 섬을 찾은 방문객에게 큰 선물이 된다. 우리는 제법 곰취를 채취했다. 그러고는 육지로 돌아와서 귀한 곰취라며 조금씩 나누어주었다. 풍성하게 나누어준 탓인지 정작 우리가 먹을 것은 조금밖에 남지 않았다.

'조금씩 덜 나누어주고 남겨둘걸.'

은근히 후회가 밀려왔다. 언제 가거도의 곰취를 맛볼 수 있을까 싶어서였다.

나중에 산악회에서 한 번 더 가거도를 가게 되었다. 그때 곰취를 가지고 온 사람들이 있었는데 얻어먹지를 못했다. 섭섭했다.

집 떠난 가거도에서의 하룻밤은 들뜬 밤이다. 숙소는 마을 이장님 댁이라 호화롭지는 않아도 정감이 있다. 여러 명이 같이 자야 하는 불편함도 있지만 가거도의 삶의 모습과 풍경을 볼 수 있음에 숙박의 불편함은 큰 문제가 되지 않는다. 그리고 밤바다의 파도소리는 스스로를 돌아보게 만든다. 앞으로 어떻게 살 것인가, 시간을 어떻게 꾸려 갈 것인가.

건강을 회복하고 있는 시기에 최서남단의 가거도까지 올 수 있었던 것은 삶의 선물이었다. 가거도에서의 시간을, 아니 삶이 허용한 시간을 정말 잘 보내야겠다는 생각이 들었다. 시간의 주인은 언제나 바쁘다. 건강하지 못한 사람에게는 더 바쁘게 군다.

다음날, 아침 일찍 일어났다. 해돋이를 보고 싶었다. 1월 1일의 새해 일출은 아니지만, 평범한 일상 속의 일출이지만, 가거도를 허락받은 나에게는 특별한 일출이었다. 설레는 마음으로 기다리고 있으니 바다 위로 햇덩이가 솟아올랐다. 산에서 오르는 해보다 더 이글거리는 것이 그야말로 불덩이였다. 감동이었다.

"가거도까지 오게 해주신 것 감사합니다. 가족들 무사하고, 평안하고, 건강하게 해주세요."

나는 해를 바라보며 기도를 올렸다.

해돋이의 여운을 간직한 채 산꾼들은 이른 아침 바다낚시에 나섰다. 산꾼에서 낚시꾼으로 변신하여 열심히 낚시질에 매달렸다. 하지만 가거도의 물고기는 낚시꾼이 아니라는 것을 알아보는지 한 마리도 미끼를 물지 않았다.

"나도 한번 해볼게요."

나도 낚시꾼으로 나섰지만 결과는 마찬가지였다. 나는 숙달된 낚시꾼인 척 사진만 멋지게 몇 장 찍고는 낚싯대를 옆 사람에게 넘겨주었다. 낚시 재주는 따로 있는가 보다.

그래도 어설픈 낚시꾼들이 한 끼 적당히 때울 만큼은 고기를 낚아 올렸다. 우리는 다함께 모여서 그 수확물들을 요리해 먹었다. 나 같은 빈손 낚시꾼은 잘 먹기만 해도 분위기를 살리는 것이기에 아주 맛있게 먹었다. 이렇게 얻어먹는 것도 여행의 일부이자 재미이다.

　다음 일정은 유람선 일주 관광이었다. 하지만 풍랑이 제법 일어서 가거도 섬 투어로 변경하게 되었다. 한전 지사에 근무하는 최길선 님이 가이드로 나섰다. 섬 투어에서 가장 먼저 만난 것은 한 쌍의 아름드리 고목이었다. 한 그루는 총각, 또 한 그루는 처녀란다. 백두산 천지와 너무나 닮은 가거도 천지도 인상적이었다. 지금은 어느 미술 대학 교수의 작업장으로 쓰이고 있는 폐교된 학교의 앞마당에는 야생화만 바람에 흔들리고 있었다.

　한바탕 관광을 한 뒤 가이드님은 나물이 많은 장소로 우리를 안내했다.

　"뜯어 가세요. 가거도 선물입니다."

　가거도의 향기가 진하게 밴 곰취가 탐스러웠다. 완전무공해에 바닷바람으로 자랐으니 보약이 될 것 같았다. 이웃과 친구에게 "가거도 곰취야!" 하고 자랑하며 나누어줄 생각을 하니 기분이 좋았다.

　1박 2일의 짧은 일정을 마친 뒤 돌아오는 배에 몸을 실었다. 섬으로 들어오던 날 멀미한 기억이 있어 배에 타자마자 바닥에 누웠다. 보기 좋은 모습은 아니었지만 멀미에 시달리지 않으려면 어쩔 수 없었다. 귀 밑에 붙이는 멀미약도 함께 처방했더니 돌아오는 길은 한결 편안했다.

배 안에서 가거도에서의 행복을 되새겼다. 우리가 낚아 온 생선을 손수 손질해 회를 떠준 마을 이장님, 회룡산과 독실산의 풍경, 방파제에서 맞은 바닷바람, 선착장까지 나와 "물 끓여 드세요." 하며 오동나무를 작별의 선물로 준 최길선 가이드님······.

이 가거도의 아름다움이 언제까지나 고스란히 남아 있기를, 나는 기도했다.

창원의 가을 산행에서
창원을 느끼다

창원의 정병산566m은 창원의 명품 산으로 손꼽힌다. 산업도시 창원의 버팀 산으로, 시민들에게 많은 사랑을 받고 있다. 정병산은 창원 외곽을 둘러싸고 있는 비음산510m, 대암산669m, 불모산801m을 경유하는 창원시계 종주 코스가 유명한데, 정상에서 바라보는 시가지의 풍경은 일품이다.

비음산은 경상남도 기념물 128호인 진례산성을 품고 있는 산이다. 창원천의 발원지이기도 하며, 철쭉의 군락이 아름답다. 해마다 5월 무렵에 '비음산 진례산성 철쭉제'가 열린다.

대암산은 창원시와 김해시의 경계에 있는 산으로, 창원 외곽에 있어 창원 시내가 한눈에 내려다보인다.

창원 용지봉은 창원시 불모산동과 김해시 장유면 대청리에 걸쳐 있다. 옛 이름은 용제봉인데, 김해도호부 단묘壇廟에 "용제봉은 김해도호부의 서쪽 불모산에 있으며, 기우단을 만들었다"라는 문구가 있다. 창원과 장유 시민들의 사랑을 동시에 받는다.

불모산은 창원시 성산구 성주동과 김해시 장유면 대청리에 걸쳐 있는 산으로, 서쪽의 산이란 뜻을 가지고 있다. 현재 창원시 성산구 성주동에 속한 법정동法定洞인 불모산동과 불모산천, 불모산 저수지 등에서 그 이름을 찾아볼 수 있다.

진해 덕주봉은 창원에서 진해로 넘어가는 덕주봉 안민고개에서 장복산을 연결하는 산길에 피는 벚꽃으로 유명하다. 이곳에 벚꽃이 만발할 때는 그야말로 꽃천국이다. 덕주봉에 서면 진해만의 경치와 창원산업단지의 공단을 조망할 수 있다. 그리 높지도 않아 산행하기 적당하고, 기암과 야생화들이 산행의 흥을 북돋아준다.

창원시계 종주 코스의 거리는 34.5km이다. 지리산 종주 거리와 비슷하다. 좋은 점은 내가 창원 시민이라 차량 이동 거리가 얼마 되지 않으니 출발 시간을 조금 늦추어도 된다는 점이다.

종주를 계획하는 것만으로도 살맛이 난다. 산쟁이의 병이다. 건강에 좋은 산병이다. 예상 산행 소요 시간을 11시간 정도 잡는다. 정병산-비음산-대암산-용지봉-불모산-안민고개-덕주봉-장복산 코스이다. 7개의 정상을 밟아야 시계 종주에 성공하는 것이다.

종주일은 10월의 마지막 날이다. 전날 밤, 새벽 5시로 알람을 설정했다. 산행에 필요한 마음 자세를 갖추고 가벼운 배낭을 만들었다. 배낭이 무거우면 어깨에 무리가 가서 쉽게 지치므로 가능한 한 가벼운 배낭을 만드는 게 지혜이다.

종주를 떠나는 날, 아침공기가 제법 쌀쌀했다. 낮의 더위를 생각해 옷을 조금 허술하게 입었더니, 살갗으로 스며드는 찬 공기에 온몸이 오싹하다. 가벼운 배낭을 위해 여벌옷을 적게 준비했으니 어쩔 수 없이 참아야 한다.

약수터에서 목을 축이며 몸을 깨웠다. 내가 사는 곳의 산을 오르니 더욱 애정이 생겼다. 오르막길을 오를 때 체온이 함께 오르는 것도 행복했다. 그 체온을 식히는 찬 공기도 반가웠다. 산쟁이로 살고 싶은 마음이 걸음을 옮길수록 누적되었다. 10월의 끝에서 겨울을 준비하고 있는 나무들은 단풍과 낙엽으로 우리에게 마지막 가을의 멋을 선사했다. 가진 것을 내어주는 나무처럼, 그렇게 살아야겠다는 생각이 들었다.

같이 동행하는 언니가 좀 쉬어가자는 의견을 냈다. 리드하는 대장님이 재촉했다.

"부지런히 가야 합니다. 이제 3분의 1정도 왔습니다. 아직 남은 거리가 만만치 않으니 조금 더 가서 쉬지요."

대장님의 말은 법이다. 우리는 그 법에 따랐다.

얼마나 더 산을 탔을까? 일행들의 배꼽시계가 일제히 허기를 알렸다.

"밥 먹고 갑시다!"

누군가의 한마디에 곧바로 의견일치. 밥상이 차려졌다. 진수성찬은 아니며 요기할 정도의 간단한 성찬이다. 수저 속도는 배고픔에 비례되는 것일까. 경쟁이라도 하듯 일행들의 숟가락질이 빨라진다. 물론 선의의 경쟁이다.

산은 가르쳐주었다.
이제는 욕심을 비울 줄도 알아야 한다고. 그것이 현명한 삶이라고.
이런 지혜를 가르쳐주는 산을 정말 사랑하지 않을 수가 없다.
짝사랑이어도 괜찮다. 거기 있을 그대에게 가리라. 언제까지나!

밥을 먹고 나니 살 것 같다. 음식 투정은 있을 수 없다. 시장기가 곧 반찬이다. 문득 이런 생각이 들었다.

'전 국민이 음식물 쓰레기 줄이기 운동을 하면 어떨까?'

절약한 돈으로 소년소녀 가장 돕기, 동네마다 문화센터 짓기, 공원 만들기, 잘 살아보기 교육 등 여러 가지 좋은 일을 할 수 있을 것 같았다. 행정 당국이 대대적인 슬로건을 내걸고 나서주었으면 싶었다. 음식물 쓰레기 줄이기는 개인을 계몽하는 것만으로는 한계가 있으니까.

우리는 밥 먹은 자리를 깨끗이 치운 뒤 다시 등산화 끈을 동여맸다. 다음 코스인 안민고개로 이동하던 중 대장님이 한 말씀했다.

"장복산까지는 오늘 어렵겠습니다. 시간 분배를 제대로 하지 못했네요."

나는 발끈했다.

"아닙니다. 우리는 끝까지 완주할 거예요."

하지만 랜턴도 준비하지 않은 상황에서 내린 결정이었다. 이대로 진행하면 하산할 때 어둠 속에서 탈출구를 찾아 헤매는 꼴이 될 수도 있었다. 대장님의 결정이 옳다는 듯 늦가을의 해는 벌써 서산으로 떠날 준비를 하고 있었다. 나는 대장님의 결정에 순순히 따르기로 했다.

그래도 덕주봉에 오르자 가슴이 후련했다. 그곳에서 내려다보는 진해만의 풍경은 일몰의 저녁놀이 피어올라 장관이었다. 위대한 화가의 한 폭 수채화 같았다. 하지만 아름다움에 취할 수 있는 시간은 길지 않았다. 우리는 장복산까지 2km 정도의 거리를 남겨두고 안민

고개로 발걸음을 돌렸다. 아쉬움 때문일까. 뒤돌아보는 덕주봉은 더 예쁘게 보였다.

비록 완주는 못했지만 의미 있는 여정이었다. 과욕을 버리는 법을, 아름다움은 짧기에 아름다운 것들을 더 사랑해야 하는 이치를 배웠다. 일행들간의 화합과 결속력도 새로이 다진 산행이었다.

곰곰 생각해 보면 내 자신이 우습다. 살면서 하는 일에 대해서는 욕심을 부리지 않으면서 왜 산행에는 그렇게 욕심을 낼까? 대체 무슨 조화인가? 산이 내 병을 낫게 해준 덕분에 산에 더 애착을 갖는 것인지도 모르겠다. 만약 산에서도 중도 포기했다면 나는 건강을 회복하지 못했을 것이다. 욕심이 건강을 찾게 해준 것이다.

하지만 산은 가르쳐주었다. 이제는 욕심을 비울 줄도 알아야 한다고. 그것이 현명한 삶이라고. 이런 지혜를 가르쳐주는 산을 정말 사랑하지 않을 수가 없다. 짝사랑이어도 괜찮다. 거기 있을 그대에게 가리라. 언제까지나!

창원 사는 여자의 마음을
훔친 설악산의 가을

　설악산은 봄여름가을겨울 사계의 모습도 매력적이지만, 시간마다 변하는 모습 또한 감동적이다.

　1708m의 높이의 설악산은 강원도 속초시, 인제군, 양양군, 고성군의 경계로, 아름다움을 자랑하는 명품 산이다. 1970년 3월 24일, 다섯 번째로 국립공원으로 지정되었다. 천의 얼굴을 가진 명품 산은 봄이면 진달래와 철쭉이 만발하고, 여름이면 신록의 푸름이 협곡과 어우러져 장관을 이룬다. 가을의 단풍은 오색의 화려함에 눈부셔 단풍객들을 술렁이게 만든다. 설악의 단풍은 직접 보지 아니하고는 이야기할 수가 없다. 마지막으로 설악산의 겨울은 환상적인 설국을 연출한다.

　기암과 희귀식물, 협곡, 폭포 등은 설악산의 또 다른 자랑거리다. 지리산의 장중한 능선과, 주왕산의 기암절벽과, 오대산 소금강의 계곡미. 설악산은 이 세 가지 특징을 다 갖춘 명산이다. 이렇게 특별한 설악산 일대는 1982년 유네스코에서 생물권 보전지역으로 지정했다.

개인적으로 나는 설악산이 제일 좋다. 집과 거리가 멀어서 자주 가지 못하는 게 아쉬울 따름이다. 설악의 매력과 진가는 설명으로는 느낄 수 없다. 직접 가야만 느낄 수 있다. 특히 사계절의 변화에 따라 달라지는 아름다움은 가히 독보적이라고 생각한다. 지구촌 어느 산이 감히 도전장을 낼 것인가. 설악산은 양파처럼 벗겨도 벗겨도 매력이 숨어 있는 산이다.

우리 산악회는 설악산 산행을 보통 무박으로 많이 한다. 하루 일과를 정리하고 밤 10시쯤 산악회 버스로 출발해 새벽에 목적지에 다다른다. 배낭 속에는 간식과 점심, 랜턴이 준비되어 있다. 새벽 4시쯤 산행을 시작한다. 먼동이 트기 전까지는 앞을 볼 수가 없다. 목적한 바를 이루겠다는 꿈과 안전에 대한 바람도 배낭과 함께 지고 간다. 그래서 무겁지만 무겁지가 않다.

어느 가을, 설악산 오색 쪽으로 등반 계획을 세웠다. 여느 때처럼 밤 10시에 버스를 달려 새벽에 오색에 도착했다. 집행부가 수고를 무릅쓰고 아침밥을 준비했다. 된장시락국^{시래기 된장국}이다. 재료는 시래기에 된장을 푼 것이 전부이지만 맛은 일품이다. 따뜻한 국물은 새벽 공기에 언 몸을 녹여주고, 체력도 보충해준다.

오늘 코스는 오색에서 장수대를 거쳐 십이선녀탕까지다. 오색의 다른 코스에 비해 시간적 여유가 있어 좀 느긋하다. 새벽 공기의 맛이 깊어질 때쯤 나무들은 화려한 오색 의상을 입고 패션쇼를 시작할

개인적으로 나는 설악산이 제일 좋다.
집과 거리가 멀어서 자주 가지 못하는 게 아쉬울 따름이다.
설악의 매력과 진가는 설명으로는 느낄 수 없다.
직접 가야만 느낄 수 있다.

준비를 했다. 해가 돋으면, 곧바로 쇼를 시작할 기세였다. 장수대에서 남교리 공원 지킴대까지 패션쇼를 관람할 생각을 하니 가슴이 두근거렸다. 오색의 단풍, 그 빛깔을 좋아하는 사람은 늘 그 빛깔에 마음을 두기 마련이다.

가을의 설악을 걷기 시작했다. 패션쇼를 벌이는 나무에 기대어 보기도 했고, 빨간 단풍잎을 만져보기도 했다. 떨어진 단풍잎은 고이 주워 배낭에 꽂았다. 도시에서는 체면을 차리기도 하며, 예의와 품위를 지키려 애쓰기도 하지만, 산속에서는 체면, 예의, 품위 따위는 그리 중요하지 않다. 있는 그대로 행동하고, 마음 가는 대로 산과 함께하면 된다.

안산 갈림길에 다다랐다. 안산은 비탐방 지역으로, 등산로가 폐쇄되어 있다. 휴식년에 들어간 것이다. 산우들에게 들은 이야기로는 안산이 무척 매력적이라고 한다. 언제가 될는지 모르겠지만 꼭 가고 싶다.

드디어 십이선녀탕이다. 열두 선녀가 목욕하고 하늘로 올라갔다는 전설을 가지고 있는 십이선녀탕. 주위의 경관은 설악의 매력을 한데 모은 듯하다. 복숭아탕을 만나니 그 절경에 숨이 멎을 것 같았다. 복숭아탕은 십이선녀탕 계곡의 백미다. 탕과 소의 어우러짐은 절묘한 조화다. 보면 볼수록 아름다움에 눈을 뗄 수가 없었다.

그 절경을 등에 지고 점심식사를 시작했다. 물소리 새소리와 함께 밥을 먹었다. 산에서는 금주이지만 집에서 만든 과실주 한잔은 애교로 봐주겠지 하며 술잔을 기울였다. 얼마나 편안하고 여유로운 힐

링의 시간인지!

어느덧 나무들의 패션쇼가 막을 내릴 시간이 다가왔다. 아쉬움에 자꾸 뒤를 돌아보게 되었다. 발길이 떨어지지 않지만 산우들과의 하산 시간은 약속이므로 서둘렀다. 서두르면서도 설악의 비경들을 하나하나 눈에 담았다.

옆 산우에게 말했다.

"다음엔 한계령에서 대청봉까지 한바탕 걷고 싶네요."

옆 산우가 대꾸했다.

"제발 다리 아끼세요. 무리하게 걸으시면 안 돼요."

선배 산우들 중에는 무리한 산행으로 무릎 통증을 호소하는 분들이 꽤 있었다.

나는 마음속으로 혼잣말을 했다.

'산이 좋은 걸 어떡해요?'

설악산은 내가 또 올 것을 알고 있을 것이다.

나는 일주일에 한 번씩은 꼭 배낭을 챙겨 산에 온다. 나머지 육일을 잘 보내기 위한 일종의 의식이다. 산에서 품은 마음을 도심으로 가지고 와서 지내다 보면 얼마 있지 않아 소멸된다. 에너지생성원을 찾은 것이다.

4 | 산꾼의 꿈으로
산을 오르다 ②

하나를 가지면 하나를 더 가지고 싶은 것이 사람의 욕심이다. 물론 지나친 욕심은 금물이다. 그런데 욕심이 없다면 발전도 있을 수 없다. 우리나라의 여러 산들을 다니다 보니 욕심이 생겼다. 다른 나라의 산은 어떨까 궁금했다. 마침 나와 비슷한 욕심을 가진 산우들이 여럿 있었다. 우리는 마음을 합쳤다.

"해외로 갑시다! 한 살이라도 젊었을 때 가야지."

해외의 어느 산에 갈지 의견을 모았다. 경제적인 문제와 시간적인 문제를 고려하고, 가족과도 의논한 뒤 출발 계획을 세웠다.

"세계는 넓고 할 일은 많다."라는 멋진 문구를 다시 한 번 되새겼다. 우리는 더 넓은 세상을 꿈꾸었다. 그것이 산꾼의 운명이었다.

우리 민족이 하나 되기를
바라는 금강산

강원도 금강군, 고성군, 통천군에 위치한 금강산은 계절에 따라 그 이름이 다르다. 온 산에 꽃이 뒤덮이는 봄에는 마치 7대 보석 중에 하나인 금강석과 같다 해서 '금강산'이라 부른다. 여름에는 봉우리와 녹음이 무성해 '봉래산'이라 하며, 가을에는 일만이천 봉이 단풍으로 곱게 물들기에 '풍악산'이라 이름한다. 겨울에는 나뭇잎이 지고 나면 암석이 드러나니, 금강산 봉우리들이 모두 뼈를 드러낸 것 같다 해서 '개골산'이라 부른다.

한반도의 분단으로 인해 금강산은 오랜 세월 갈 수 없는 산이었다. 그러다 1998년 분단 50년 만에 처음으로 남한 사람들에게 금강산이 개방되었다. 나는 이때다 싶어 빨리 가야겠다고 마음을 먹었다.

내가 찾아간 금강산은 여름의 봉래산이었다. 새우잠을 자면서 달려온 금강산과의 만남은 흥분과 떨림 그 자체였다. 남측 출입국과 북측 출입국을 통과할 때 느꼈던 긴장은 우거진 녹음에 사르르 녹아버렸다. 온정리와 양지리 마을 주민들이 자전거에 짐을 가득 싣고 유유히 달리고 있었다. 아이들은 흙 범벅이 되어 운동장에서 공을 찼고, 어떤 주민은 냇가에서 잡은 조개류를 어깨에 가득 메고 걸어갔고 있는 모습이 보였다.

북한 사람들의 모습도 보였다. 작업 현장에서 일하는 그들은 바지런한 우리 남한 사람들과 달리 움직임이 둔해 보였다. 1960년대 느낌이 나는 옷차림에서는 가난이 비쳤다. 정치를 잘 모르지만 북한이 관광 자원을 우리에게 활짝 개방한다면 그로 인해 벌어들인 돈으로 어느 정도 가난을 벗어날 수 있지 않을까 생각했다. 그것을 거부하는 북한의 체제가 자못 아쉬웠다.

현대아산의 수고로 세워진 온장각 자연미를 살린 목조 건물. 금강산 관광의 첫 출발지에서 구룡연을 향해 첫발을 내디뎠다. 언제든지 갈 수 있는 곳이 아닌 제한된 곳을 탐방한다는 사실에 묘한 전율이 느껴졌다.

일정 구간까지는 버스로 이동했다. 차창 밖으로 비치는 소나무의 군락들이 어마어마했다. 생육 시기가 200여 년이 넘고 크기는 20미터가 넘는 금강송이다. 미송, 적송들은 한반도의 아픈 역사가 기록된, 금강산의 보배들이다. 이런 귀한 풍경을 온 국민이 볼 수 없는 현실이 안타까웠다.

금강산 4대 사찰 중의 하나인 신계사는 보수 작업이 한창이었다. 우리나라 불교 종단과 힘을 합해 보수하는 것이라 했다. 멀리 문필봉을 바라보니 장엄한 금강산이 펼쳐졌다. 굽이굽이 흐르는 계곡의 물소리는 옥구슬 구르는 소리였다. 시인 조운은 "사람이 몇 생을 닦아야 물이 되며 몇 겁이나 전화해야 금강의 물이 되나"라고 노래했

금강산이 우리나라 산이라는 것이 자랑스러웠다.
이 자랑스러운 산을 누구나 터놓고 다닐 수 있는 날이 머지않아 오리라 기대했다.
사람의 염원은 하늘이 들어주는 법이기에 나는 그 하늘의 약속을 믿었다.

는데, 금강의 물은 감히 사람이 범접할 수 없을 만큼 경이로웠다. 조물주의 솜씨임에 틀림없었다.

앙지대회상대를 지나 삼록수산삼과 녹용이 녹아내리는 물를 한 모금 마시고, 만경대 다리에 서게 되었다. 집채만 한 바위의 금강문을 지나자 계곡의 흰 바위인 백석담이 나타났다. 옥류동에서는 푸른 물이 포말을 일으키며 폭포를 만들고 있었다. 물소리가 어찌나 큰지 자연의 악기소리에 저절로 고개가 숙여졌다.

그런데 '하늘에 핀 꽃'이라 불리는 천화대에 오르지 못한다고 한다. 그 말에 다시 뒷걸음질 치고 싶었다. 하지만 앞으로 가야만 했다. 정말이지 천화대를 두고 걸음을 옮기려니, 내 마음은 친정엄마를 두고 시집을 가는 딸의 마음이 되었다. 가며가며 수없이 눈도장을 찍었다. 여운을 가슴에 꾹꾹 눌러 담았다.

천화대에서 놓친 넋을 추스르기도 전에 두 개의 구슬을 꿰매어 놓은 듯한 연주담에 도착했다. 죽었던 넋이 파르르 살아나는 기분이었다. 봉황이 긴 꼬리 휘저으며 날아가는 모양을 닮은 비룡폭포, 봉황이 춤을 추고 있다는 무봉폭포에도 마음을 빼앗겼다.

아홉 마리 용이 살았다는 구룡폭포는 소문대로 경치가 으뜸이었다. 우리나라 3대 폭포는 한계령 장수대 인근의 대승폭포, 금강산의 구룡폭포, 개성의 박연폭포인데, 역시 3대 폭포에 오를 자격이 있었다. 어느 관광객 부부가 구룡폭포 앞에서 염원의 기도를 올리는 모습이 눈에 띄었다. 나는 그들의 기도가 이루어지기를 기도했다.

봄에 목련이 절정을 이룬다는 목련관 주위로는 계곡물이 운치 있게 흘러내렸다. 그 계곡물과 금강송을 벗삼아 막걸리 한잔에 산채비빔밥을 먹었다. 마음은 이미 가을의 풍악산에 자리하고 있었다.

금강산이 우리나라 산이라는 것이 자랑스러웠다. 이 자랑스러운 산을 누구나 터놓고 다닐 수 있는 날이 머지않아 오리라 기대했다. 사람의 염원은 하늘이 들어주는 법이기에 나는 그 하늘의 약속을 믿었다.

봉래의 금강산에서 참 잘 놀았다.

히말라야에서
더 높을 곳을 꿈꾸다

히말라야 산맥에는 8848m에 이르는 세계 최고봉 에베레스트를 비롯해 8000m가 넘는 봉우리가 14개나 있다. 셰르파족의 문화와 티베트 불교와 거대한 빙하 만년설산의 파노라마를 볼 수 있는 곳이다.

트레커라면 누구나 한 번은 가기를 꿈꾸는 히말라야. 우리도 그곳을 꿈꾸었다.

"무식이 용기야."

"고소증 있으면 못 가."

"그래도 밀어붙여야 돼."

긴장과 호기심으로 가득 찼던 우리는 결국 가기로 결정했다. 적당한 높이까지 오르는 트레킹 수준으로 히말라야를 가까이에서 보고 오는 것이 만족하기로 했다.

봄의 초입인 3월에 네팔의 수도 카트만두 공항에 도착했다. 네팔과 한국간의 시차로 3시간 15분을 벌게 된다. 공항시설은 후진국임을 말해준다. 햇볕에 그을린 청년들이 저마다 수입을 안겨줄 손님들을 기다리고 있었다. 가이드가 우리를 차량으로 안내했다. 보조 인력들이 카고백을 차량 위에 싫은 뒤 우리를 숙소로 이동시켰다

네팔은 우리나라의 1950~60년대 정도 수준인 듯했다. 먼지 자욱한 비포장도로, 신발도 제대로 신지 않은 아기들, 무질서한 오토바이와 자전거……. 왜 위정자는 국민들을 저렇게 방치하는지, 사는 모습이 보이지 않는지 마음이 편치 않았다. 도와줄 수 없음에 우울하기까지 했다. 세상 모든 사람들이 다 같이 잘사는 때는 언제쯤 올까?

무거운 마음으로 첫날 일정을 시작했다. 카트만두에서 루크라까지 경비행기로 이동했다. 조상대대로 내려오는 다랑이 논밭이 가난을 드러내는 듯했다. 하지만 히말라야의 장엄함 앞에서 어쩔 수 없이 마음이 들뜨고 말았다. 흥분한 내 마음처럼 경비행기는 굉음을 내면서 루크라에 착륙했다.

고소증에 대한 설명을 들었다. 다이막스인효제를 복용하고, 네팔의 밀크 티 찌야차가 고소증에 도움이 된다고 해서 그것도 마셨다. 이제 준비 완료다.

3월의 루크라2800m에는 노란수선화가 활짝 피어 있었다. 히말라야의 수선화는 더 예쁘게 다가왔다. 맑은 공기와 지역의 풍경 덕분일까? 어쩌면 지금 내 마음이 환하기 때문인지도 모르겠다.

드디어 트레킹이 시작되었다. 두드코시강의 빙하 녹아내리는 물소리를 들으며 걸었다. 빨리 걷지 않았다. 고지라는 환경에 적응하려면 천천히 걸으며 몸에 충분한 시간을 주어야 한다. 종종 산꾼들끼리 은연중 내기라도 하듯 산을 빠르게 오르기도 하는데, 히말라야에

서 경쟁은 독이 된다.

셰르파는 알아서 산행 속도를 조절했다. 이곳에서는 사는 법을 몸으로 터득한 그들이기에 믿고 따라야 한다. 셰르파의 고향은 티베트이다. 이들은 500여 년 전 내전을 피해 히말라야 고개를 넘어 쿰부에 정착했다. 산비탈에 밭을 경작하며, 야크를 키우며 생계를 유지했다. 히말라야를 찾는 원정대의 가이드로 활동하기도 한다. 셰르파의 활약으로 1953년 영국은 첫 에베레스트 등정의 영광을 거머쥘 수 있었다. 등정 팀에게 셰르파는 참으로 중요하다. 물론 요리사도, 짐꾼도 중요하다. 한 사람 한 사람이 맡은 역할을 충실히 해야만 등정은 성공한다.

루크라에서 팍딩까지는 약 8km. 시간은 4시간 정도 소요된다. 도중에 점심식사를 할 롯지lodge를 만났다. 이곳의 티베트 사람들이 마니차주로 티베트 불교에서 사용되는 불교 도구. 원통형으로 되어 있으며, 내부에는 경문이 새겨져 있다를 뱅그르르 돌렸다. 마니차가 돌아가면 경전의 불력이 세상에 퍼진다고 한다. 그들의 믿음이 히말라야의 자연처럼 순수해 보였다.

어둑해질 무렵 첫째 날의 롯지인 팍딩에 도착했다. 낮과 밤의 기온차이가 심했다. 그래도 달 밝은 밤 빙하가 녹아내리는 계곡물소리를 들으니 추위쯤은 아무 문제가 안 되었다.

'여기까지 왜 오게 되었을까?'

'위로받고 싶어서 온 거겠지.'

나는 마음속의 나와 은밀한 이야기를 나누었다. 계곡물소리가 상

트레커라면 누구나 한 번은 가기를 꿈꾸는 히말라야.
우리도 그곳을 꿈꾸었다. 드디어 트레킹이 시작되었다.
두드코시강의 빙하 녹아내리는 물소리를 들으며 걸었다.

처받은 마음을 어루만져 주었다.

둘째 날은 팍딩에서 남체까지 약 11km를 걸어야 했다. 날씨는 쾌청했다. 구름 한 점 없는 파란 하늘과 하얀 히말라야의 조화는 격이 높았다. 오전 내내 걸어 조살레에서 배낭을 내려놓았다. 점심은 라면이다. 히말라야에서 먹는 라면 맛은 행복 플러스 즐거움의 맛이다.

점심을 먹은 뒤 탐세부르크, 캉테가, 쿠숨캉구르의 웅장한 설산을 바라보며 일정을 이어갔다. 그리고 셰르파의 본고장이자 옛 시절의 교역지로 유명한 남체바자르3440m에 도착했다.

남체에 '시장Bazar'이 붙어 남체바자르로 불리게 되었다. 이곳은 산소가 산 아래의 85% 정도라 고소증세가 시작되는 곳이다. 우리는 모든 무게 나가는 물건들을 포터들에게 맡겼다. 가벼운 몸으로 걸어도 힘든데, 포터들은 30kg 이상을 지고도 힘들다고 투정 부리지 않았다. 그들을 보면 먹고사는 일이 아무것도 아니라고 결코 얘기할 수 없다. 가정을 꾸려 나가기 위해 수고하는 그들의 모습에 숙연해졌다.

고소증세를 걱정했지만 환경 적응 능력이 높은지 별다른 고통은 없었다. 파란 하늘과 설봉인 캉테가. 아마다블람, 누체, 눕체, 에베레스트의 조화로 눈이 어지러웠을 따름이다. 누군가 봉우리에 태극기를 꽂았다. 우리는 일제히 그에게 박수를 보냈다. 의지의 한국인에게 보내는 최고의 찬사였다. 남체바자르를 떠나며 우리 팀원 몇은 셰르파와 포터, 쿡, 키친보이들에게 여벌옷을 다 나누어 주었다. 본인들의 가난했던 어린 시절이 떠올라 도움을 주고 싶었던 것이다. 네팔 국민들이 최소한의 생활력을 회복했으면 하는 바람은 이곳을 다녀가는 사람이라면 누구나 갖게 된다.

다음날 우리는 쿰중에서 점심을 먹었다. 그리고 에드먼드 힐러리 경이 세운 학교에서 기념촬영을 했다. 이 학교가 네팔 어린이들의 희망의 터가 되기를 바라면서. 이어서 우리는 샹보체3833m에서 드넓게 펼쳐지는 히말라야의 모습을 감상한 뒤 타모로 향했다. 고소증세에 시달렸던 한 산우는 완만한 길이 이어지는 이 여정에서 컨디션을 회복할 수 있었다.

타모 롯지에서 배낭을 내려놓고 숙박할 준비를 했다. 나는 이곳에서 비로소 침낭에 적응하기 시작했다. 히말라야 롯지의 침낭들은 엄청나게 많은 사람들이 같이 쓰기 때문에 겉으로 지저분해 보이지 않다 해도 거부감이 생길 수밖에 없다. 나도 처음에는 지저분할 거란 생각에 옷을 그대로 입고 잤다. 하지만 이곳 추위는 도심의 추위와는 딴판이었다. 침낭이 아니면 잠을 잘 수 없을 만큼 추웠다. 환경이 사람을 만든다더니, 나도 자연스럽게 침낭 속으로 기어들어가게 되었다.

다음날 새벽 4시 30분에 기상했다. 랜턴으로 어두운 길을 비추며 타메로 향했다. 가면서 계곡의 물소리, 새소리, 야크의 방울소리 듣는 재미에 빠진다. 그런데 언제 씻었던가 하는 생각이 불쑥 든다. 며칠째 못 씻었다. 빨래는 언제 했는지 기억이 안 났다.

다시 남체바자르에 들어섰다. 돌아가는 길이기에 목도리, 장갑 등을 기념품으로 구입했다. 원색의 수공예품들로 시선과 마음을 동시에 끄는 물건들이다. 카트만두와 티베트에서 가져왔다고 하는데 네팔의 특산물이라 불러도 될 듯하다.

우리는 히말라야의 더 높은 곳을 바라보며 하산을 재촉했다. 그곳에 도전장을 내어보겠다 다짐하면서 걸음을 옮겼다. 하산하는 길에 곳곳에서 타르초를 만났다. 타르초는 불경 구절을 깨알같이 적어 넣은 오색의 천 쪼가리를 장대에 매어놓은 것이다. 오색 깃발을 떠올리면 된다. 히말라야 사람들은 이 타르초를 우러러보며 기도한다. 이 민족의 기도소리를 환상으로 들으며 우리는 팍딩 롯지에 도착했다.

롯지에 짐을 풀자 비가 내리기 시작했다. 하산의 비는 개의치 않고, 오히려 즐긴다. 롯지의 창가에 6개국 트레커들이 둘러앉았다. 오르는 사람과 내려가는 사람이 시끄럽게 떠들지만 소란스럽지는 않다. 그 소리는 건강한 몸과 마음을 가진 사람들의 합창으로 들린다.

트레킹 마지막 날 루크라 롯지에서 양고기 파티를 열었다. 롯지에서 대접하는 행사이다. 그들은 네팔의 노래로 우리를 축복했고, 우리는 수고한 그들에게 아리랑으로 답례했다.

다음날 우리는 아침 6시 30분에 기상해 카트만두행 경비행기를 기다렸다. 하지만 기상악화로 당장 비행기가 뜰 수 없었다. 히말라야도 우리의 떠남이 아쉬웠던 것일까? 꼭 다시 오라는 메시지일까? 뒤늦게 안개가 걷혀서 무사히 카트만두에 다다랐다. 카트만두에서 희망에 가득 찬 채 한국행 비행기에 몸을 실었다.

일본 북알프스에서
인사하는 법

　5박 6일의 트레킹 여정을 위해 일본 땅을 밟았다. 저녁 무렵 숙소인 다테야마 산장에 도착했다. 산장지기는 우리나라 산악인으로 친절한 분이었다. 우리는 그분의 환영을 받으며 짐을 풀었다. 산우의 가족분이 일본에 있어 소불고기에 야채까지 준비해 숙소까지 배달해 주었다. 그 따뜻한 마음은 산을 닮았다. 덕분에 소불고기 파티를 벌이며 일본 맥주까지 곁들였다. 감사 인사가 절로 나왔다. 그리고 한국에 남아 있는 가족들이 떠올랐다. 주부들은 집을 비울 때 미리 반찬을 준비하고 빨래를 해놓는 등 집안일을 챙겨둔다. 그래야만 식구들을 남기고 혼자 떠나는 미안함을 조금은 줄일 수 있다. 지금 이 음식처럼, 내가 만들어둔 음식들을 식구들은 맛있게 먹을지 궁금했다.

　길이 105km, 너비 25km에 달하는 거대한 북알프스는 일본 알프스 중에서도 최고의 풍광으로 꼽힌다. 위험구간들이 많지만 산을 좋아하는 트레커들이라면 최고의 미봉 야리가다케3180m를 오르고 싶은 욕망을 버리지 못한다.

우리는 북알프스 등반의 거점인 나카부사온천[1450m], 그리고 나카부사에서 오오텐쇼휘테까지 14km의 거리를 첫 여정으로 잡았다. 산행 시간은 9시간을 예상했다. 일본의 산행 문화는 우리나라의 산행 문화에 비해 '즐기는 산행'을 더 강조한다. 우리도 일본에 왔으니 그 문화를 따르기로 했다. 그래서 가는 길에 갓센고야 산장[2400m]에서 수박을 팔기에 냉큼 사서 먹었다. 땀 흘린 후의 수박 맛은 가히 꿀맛이었다. 수박 반쪽 값으로 지불한 3만원이 아깝지 않았다. 비쌌지만 비싼 게 아니다.

'열심히 일한 자여, 즐겨라! 즐길 자격이 갖춘 그대에게 수박을 주노라.'

이런 마음으로 자신에게 준 선물이기에 값어치는 충분했다.

수박으로 원기를 회복한 우리는 북알프스의 황홀경에 빠져 걸었다. 만년설과 앙증맞게 피어 있는 야생화들은 마음을 빼앗기에 충분했다. 그렇게 북알프스에 홀린 우리는 어느새 쯔바꾸로 산장에 도착했다. 이 산장에서는 등산화를 벗고 화장실을 이용해야 했다. 많은 등산객들이 다녀가도 쓰레기 처리가 잘되고 깨끗함을 유지하고 있었다. 산장의 노력도 있겠지만, 그만큼 등산객들이 질서를 잘 지킨 탓이리라. 예전보다는 나아졌지만 여전히 우리나라의 산하는 행락객들의 발길이 닿은 곳이면 여지없이 쓰레기 천국이 된다. 자연을 더럽히는 사람은 자연을 즐길 자격이 없는 것이다. 그 자격을 갖춘 사람이 많이 사는 일본이라는 나라가 새삼 부러웠다.

새벽 4시에 일어나 서둘러 아침식사를 했다. 더 일찍 부지런을 떤 산꾼들은 벌써 산장마당에 모여 산행 준비운동으로 스트레칭을 하고 있었다. 준비운동 후 대장님이 원활한 산행을 위해 산꾼들의 위치를 대강 정해주었다.

"제가 뒤에 가겠습니다."

나는 후미 쪽을 자원했다. 아직 앞에서 다른 산꾼을 리드할 처지는 아니었다.

일본인들 사이에 산을 모르는 사람은 후지산을 찾고, 산을 아는 사람은 야리가다케를 찾는다는 말이 있다. 그만큼 야리가다케는 트레커들에게 인기 높은 산이다.

야리가다케 산장에 도착했다. 산장에서 만난 일본의 젊은 친구들에게 '곤니찌와'를 하지 않고 '안녕하세요'를 건넸다. 애국하는 마음의 작은 실천이기도 하지만, 그곳이 산이기 때문이었다. 국적, 혈연, 지연, 학연 다 버리고 산꾼으로 만난 것이 행복해서였다. 산에서는 굳이 언어소통을 위해 인위적으로 애쓸 필요가 없다.

마침내 3180m 높이의 야리가다케의 봉우리에 섰다. 눈앞에 펼쳐지는 웅장함이란! 저녁노을이 연출하는 산그리메마저 장엄했다. 산이 발하는 빛깔들은 너무나 유혹적이었다.

어느덧 넷째 날, 일출을 보기 위해 새벽 4시 30분에 기상했다. 시간적 여유가 있는데도 괜히 마음이 바빴다. 새해 첫날 일출을 맞는 마음이었다.

설레는 마음으로 해를 맞이했다. 그리고 기도한다.

"아들과 남편을 더욱 사랑할 수 있는 마음을 허락하소서. 더 욕심내며 스스로를 사랑하게 하소서. 진정한 산꾼이 되게 하소서."

거룩한 일출을 마친 뒤 산행을 시작했다. 아침 맑은 공기에 힘을 받으며 바위와 친구 되어 최고의 높은 고지인 오쿠호다카다케3190m의 정상에 섰다. 지나온 산행의 길을 잠깐 되새겨보았다. 산과의 인연을 맺게 해주신 것에 너무나 감사했다. 한 걸음 내디딜 수 있는 건강이 나를 일본 북알프스까지 오게 한 것이다.

"감사합니다!"

나는 사방팔방 외쳐댔다.

그런데 햇볕 쨍한 푸른 하늘에 갑자기 구름이 몰려오면서 후두둑 후두둑 비가 내리기 시작했다. 말 그대로 종잡을 수 없는 날씨였다. 비가 오니 내리막길의 안전사고에 유의해야 한다. 바윗길이니 조심조심 걸어야 한다.

우리는 다께사와 산장에서 잠시 비를 피했다. 이윽고 언제 그랬냐는 듯 푸른 하늘이 드러났다. 팀원들은 배낭에 남은 물을 총집합시켜 라면을 끓였다. 비는 우리에게 점심시간만 잠깐 주더니 또다시 쏟아지기 시작했다. 이번 빗줄기는 제법 컸다. 하지만 우리는 움직여야 했다. 머물 수만은 없는 것이 산행이었다.

북알프스 산행을 다시 되새겨본다. 특히 넷째 날 미나미 산장에서 호다카다케 산장까지는 난코스였다. 정신을 집중해야 할 다이키

렛트칼날능선인데, 빗길이어서 위험이 배가되었다. 안개비 속에서 걷느라 양옆 낭떠러지를 볼 수 없었는데, 우리는 무사히 통과했다. 그리고 우리는 위험구간을 통과한 우리 스스로를 자랑스러워했다. 우리끼리 칭찬을 아끼지 않았다. '북알프스 3190고지 원정팀'이라는 명칭에 부끄럽지 않은 행동을 한 것이다. 오래오래 기억에 남을 것이다.

개인적으로 북알프스 트레킹은, 특히 칼날능선을 통과한 경험은 나를 배포 큰 산꾼으로 만들어주었다. 부디 이 배포를 잃지 않고 살아가기를!

후지산 정상에서 떠오른 사람

　버킷 리스트에 각 나라의 대표 산을 가겠다는 꿈을 적었다. 그 산
들 중 하나는 일본의 영산인 후지산_{3776m}이다. 그 꿈이 현실로 다가
왔다. 매년 8월에는 허가 절차 없이 개방된다니 얼마나 즐거운 기회
인가. 산마루에 눈이 덮인 채로 우뚝 솟아 있는 산. 그 후지산의 속
살이 궁금했다.

　후지산은 보통의 산들에 비해 조금 독특하다. 모양부터가 원뿔형
이며, 휴화산으로서 온천을 품고 있다. 화산석도 가득하다. 식물이 자
라기에는 악조건인데도 그곳 식물들은 끈질기게 살아가고 있다. 많
은 일본인들이 매일 한 번 후지산을 보면 하루 운이 좋아진다는 속설
을 믿고 있다. 때문에 영산으로 사랑받고 있다. 나 역시 그 속설을 믿
고 싶다. 후지산의 기운을 받아가고 싶다.

　동경 나리타 국제공항에서 입국 수속 후 후지산장으로 4~5시간
차량체증 없이 달렸다. 톨게이트에는 나이 지긋하신 분들이 친절히
일하고 있었다. 노년들의 일자리가 부족한 우리나라와는 다른 일터
의 모습이다. 가옥들도 나지막한 게 목가적이다. 규모도 작고, 깨끗

이 정리정돈 되어 있는 느낌이다. 문득 섬나라 일본인들의 국민성에 대해 곰곰 생각해 보았다. 지진이라는 큰 자연재해만 피해갈 수 있다면 우리나라에 굳이 피해를 입히는 일이 없지 않을까 싶었다. 우리나라를 함께 발전해야 할 이웃나라로 여긴다면 참 좋을 텐데…….

일본산은 들머리 고도에서 정상까지의 고도를 10등분 해, 합목合目으로 표시한다. 5합목에서 바라보는 후지산 정상은 선명하게 원뿔형의 모습을 보여주었다. 일기예보에서는 태풍전야를 예고했다. 그런데 너무 조용하다. 정말 태풍이 올까 의심스러울 만큼 평온하다.

다음날 새벽 4시에 기상했다. 전날 밤의 의심은 그릇된 것이었음을 증명하듯 새벽녘의 비바람이 우리를 난처하게 만들었다. 팀원들의 의견은 산행을 진행하자는 쪽이 우세했다. 그 의견대로 산행에 나섰지만 10분도 걷지 못하고 숙소로 돌아오고 말았다. 가이드님은 이렇게 대책 없는 산행 팀에게 난색을 표했다. 일정은 빠듯하고 하루의 시간은 금쪽같으니 무리하게 진행할 수밖에. 누구를 탓할 수도 없는 노릇이었다. 어찌됐건 자연을 거스를 수는 없는 법. 우리는 후지산 등반을 내일로 미루고 온천욕으로 피로부터 풀기로 결정했다.

이튿날엔 새벽 3시, 전날보다 한 시간 일찍 기상했다. 곧바로 산행을 시작해 새벽 4시에 후지산 입구에 들어섰다. 그런데 아뿔싸! 바리케이드가 버티고 서 있었다. 태풍의 영향으로 아직 등반을 허용하지 않는 것이다.

몹시 실망스러웠지만 자연재해는 받아들일 수밖에 없었다. 우리는 숙소로 돌아와 가와구찌호를 산책했다. 산책하면서 이대로 후지

2005.08.26 18 5

처음에는 다 내려놓지 못하지만
시간이 지나면 분노도, 욕심도, 환희도 흐르는 물처럼 사라지는 것을
우리는 알고 있다. 나는 후지산에서 이 진리를 다시금 확인했다.
후지산은 작은 진리를 일깨워 주었다.

산 정상을 밟지 않고 돌아갈 수 없다는 각오를 다졌다.

그 각오가 하늘에 닿았을까? 다음날엔 언제 바람이 불었냐는 듯 평화롭기 그지없었다. 우리는 들뜬 마음으로 후지산 정상 밟기 세 번째 시도에 나섰다. 혹시나 또 태풍이 가로막으면 어쩌나 긴장한 채 걸었다. 그러다 5합목2305m 지점에 이르러서야 곳곳에서 안도의 한숨이 새어나왔다. 태양도 이제 안심하라는 듯 쨍쨍한 햇볕을 내려보냈다. 어제의 날씨가 이렇게 변하다니! 파란 하늘에서 인간의 나약함을 보았다. 역시 인간은 자연에 순응하고 살아야 한다. 자연에 감사하며 살아야 한다.

산을 오를수록 화산석이 많아졌다. 식물이 자라기 힘든 토양이다. 그야말로 햇볕과 바람 공기뿐이다. 그런데도 식물들이 악착같이 살아가는 모습이 경이로웠다. 8합목에서는 12,000원짜리 비싼 카레라이스로 식사를 했다. 산에서 먹는 음식의 맛은 고급 레스토랑에서 먹는 맛과 비교가 되지 않는다. 꿀맛이다.

휴식을 잠깐 취하고 다시 오름을 시작했다. 고산병이 올 수 있으니 호흡 조절을 하면서 천천히 올랐다. 콧물도 나고 손끝도 아려왔다. 낮은 고지의 산쯤으로 생각하면 큰 오산이다.

'방한복을 더 준비할걸.'

후회가 밀려왔다. 하지만 참아야 했다. 다른 방법이 없었다. 가만히 서 있지 않고 계속 걷는 것뿐. 손수건을 마스크 대용으로 썼더니 한기를 조금이나마 막을 수 있었다.

정상에는 안개가 자욱했다. 저 산 아래에는 햇볕이 쨍쨍했는데, 풍경을 보지 못할까봐 발을 동동 굴렀다. 그런데 이 무슨 행운인가! 느닷없는 거센 바람이 안개를 걷어주었다. 분화구가 시야에 들어왔다. 드디어 후지산 정상이라는 것이 실감났다. 이 풍경은 자연에 순응한 우리에게 자연이 내린 선물이었다.

휴화산의 멋은 남달랐다. 좋은 사람들과 함께 있으니 더 멋지게 다가왔다. 언뜻 '남편과 함께였으면……' 하는 생각이 들었다. 남편은 산을 좋아하지는 않는다. 항상 같이 가자고 권해보지만, 일이 있다며 따라나서지 않는다. 돌아가서 내가 겪은 산 이야기를 들려주면 잘 들어 주긴 해도 크게 흥미를 보이지는 않는다. 그래도 산에 간다는 나를 항상 응원해주는 것은 고맙다.

"혼자나 잘 다니시구려."

밝은 어투는 아니지만 남편 입장에서는 응원이다.

나는 후지산 정상에서 대한민국의 있는 남편에게 감사의 마음을 전했다.

아무리 등반의 기쁨이 커도 정상에서는 오래 머물 수 없는 법이다. 후지산에서도 예외는 없다. 그것을 잘 알면서도 후지산에서는 왠지 더 머물고 싶었다. 산우들이 날 불렀다. 내가 머무는 것을 방해하려는 의도는 아니다. 나를 챙겨서 같이 내려가고자 하는 배려다. 못내 아쉽지만 돌아서야 한다.

아쉬움이 가득한 하산의 발걸음은 몹시 무겁다. 하지만 한 발 한 발 내려올수록 무게가 가벼워진다. 사는 게 이런 것일까. 처음에는

다 내려놓지 못하지만 시간이 지나면 분노도, 욕심도, 환희도 흐르는 물처럼 사라지는 것을 우리는 알고 있다. 나는 후지산에서 이 진리를 다시금 확인했다.

후지산, 나는 언제나 너를 사랑하노라!

킬리만자로에서는 뿔레뿔레

스와힐리어로 '번쩍이는 산'을 뜻하는 킬로만자로5895m는 트레커들이 쉽게 접근할 수 있는 곳이다. 그러나 등정 성공률은 30%라니, 의아하다. 실패의 원인은 고산병이다. 접근은 쉽지만 등정이 어려운 산이 바로 킬리만자로다. 대한민국에서 아프리카 케냐를 거쳐 탄자니아까지 가는 길은 꽤 먼 여정이다. 창원에서 인천국제공항까지 버스로 4시간, 인천국제공항에서 5시간 50분 걸려 방콕 도착, 케냐 나이로비 공항까지 9시간 30분 소요. 케냐에서 탄자니아 나망가로 또 버스로 오랫동안 이동. 이 모든 과정들이 피곤치 않다. 즐거운 곳을 갈 때 마냥 즐겁기만 하듯이.

조용필의 〈킬리만자로의 표범〉이란 노래처럼 킬리만자로에는 정말 표범이 있을까? 그걸 확인하기 싶은 마음도 있었기에 킬리만자로는 오래전부터 꼭 가보고 싶은 곳이었다.

버스에서 바라보는 아프리카의 평원은 황량하고 건조했다. 그러나 끝없이 펼쳐지는 지평선이 아름다웠다. 이 아름다움 속에 빈곤이

깃들어 있음이 안타까웠다. 어떤 정책으로 나라를 부강하게 만들 것인지 이곳의 지도자들에게 묻고 싶었다. 평원은 넓지만 농사짓기에 부적합하다면 다른 산업으로 경제를 살려야 할 텐데…….

탄자니아 국경을 통과할 때는 약간의 서류가 필요하다. 서류 심사를 받는 동안 우리는 버스에서 내려 기다려야 했다. 마침 마주친 마사이족 할머니에게 같이 사진을 찍자고 하니 흔쾌히 승낙했다. 할머니는 마사이족답게 맨발의 살갗이 두꺼웠고 키도 컸다. 옷은 남루했지만 그을린 얼굴에는 미소가 밝았다.

탄자니아 아루샤까지 약 6시간을 비포장도로를 달려 숙소에 도착했다. 여유 시간에 아루샤를 관광했다. 아루샤는 탄자니아 아루샤 주의 주도로서 주위에서 수확한 파파야, 커피, 사이잘 마麻, 제충국 등의 집산지이다. 서쪽으로는 마니아라호, 세렝게티 국립공원, 응고롱고로 분화구 등이 있어 교통의 요지이며 항공·도로·철도 편이 양호한 곳이다.

우리는 아루샤 시장에서 목각인형을 만드는 탄자니아 공예가의 작품을 사주기도 하고 사진 모델도 요청했다. 또한 아프리카의 중간 지점임을 알리는 이곳 시계탑 앞에 서보기도 했다. 시장 구경의 즐거움도 킬리만자로로 가는 하나의 과정이 된다.

다음날 우리는 마랑구 게이트에서 포터들에게 무거운 짐을 맡긴 뒤 등정 허가를 얻었다. 그리고 'PARK 1970m'라 쓰인 킬리만자로 국립공원 안내 표지판 앞에서 기념촬영을 했다. 산행 코스는 만다라 산장^{2700m}, 호롬보^{3720m}, 키보^{4703m}, 우후루파크^{5895m}로 이어지는 코스다.

국립공원 마랑구 게이트에서 만다라 산장까지 6시간을 걸어 열대우림 지역을 통과했다. 가는 동안 이따금 숲속에서 불쑥 튀어나오는 어린아이들 때문에 약간 불안하기도 했다. 아이들은 우리에게 뭔가를 얻고 싶어했다. 처음엔 사탕도 주고, 1달러도 주었는데 가이드 님이 더는 못 주게 했다. 어쩐지 우리의 1960년대 모습이 떠올라 마음 아팠다.

둘째 날, 일찍 서둘러 롯지 식당에서 식사를 한 뒤 호롬보^{3720m}까지 6시간 예정으로 무어 랜드^{황야길}를 걸었다. 고산 적응의 시간이다. 무사히 여정을 마친 뒤 롯지에 여장을 풀고 여유로운 저녁 만찬을 즐겼다. 하고 싶은 일을 하고 산다는 것은 축복이라는 생각에 새삼 가슴이 뜨거워졌다.

여성동무 4명이 팀원이다. 목기 다완에 말차를 한 잔씩 마셨다. 비타민C 보충과 팀원 화합을 위해서다. 티타임 뒤에는 다들 얼굴에 마스크팩을 뒤집어썼다. 팩을 한 채 서로 쳐다보며 웃었다. 내가 손 모아 기도하는 자세를 취하자 분위기 우먼 숙희 양이 한마디 던졌다.

"이쁜 아가씨, 뭘 기도하죠? 무사 등정인가요?"

우리 모두는 또 한 번 웃었다. 그렇게 호롬보 산장의 저녁은 깊어갔다.

우리는 호롬보 산장에서 고소 적응을 위해 하룻밤 더 묵을 예정이었다. 그래서 중식 후 근처 트레킹 코스를 4시간 정도 걸었다. 마웬

스와힐리어로 '번쩍이는 산'을 뜻하는 킬로만자로5895m는
트레커들이 쉽게 접근할 수 있는 곳이다.
그러나 등정 성공률은 30%라니 의아하다. 실패의 원인은 고산병이다.
정상을 밟지는 못했지만 킬리만자로 산행은 내게 다양한 체험을 안겨주었다.
그리고 꿈도 선물해주었다. 언젠가는 꼭 정상에 서리라는 꿈.

지붕을 바라보며 느릿느릿 걷다가 키 큰 선인장 과도 같은 나무와 마주쳤다. 세네시오 킬리만자리. 가지 하나가 자라는 데 25년이 걸린다는, 오랜 세월이 몸에 새겨진 나무이다. 세네시오 킬리만자리는 킬리만자로에서만 자라는 나무라고 한다. 우리는 특혜를 누린 셈이다. 얼마나 멋지고 감사한지!

밤의 숙소. 센스 있는 팀원님이 조용필의 〈킬리만자로의 표범〉을 들려주었다. 이곳 킬리만자로에서 들으려고 다운로드 받아온 것이다. 이 얼마나 훌륭한 배려인가. 몇 번을 반복해서 들어도 싫증나지 않았다. 음악 파티는 산악의 밤을 격조 있게 해주었다. 팀원님을 보고 산꾼에게는 여행의 센스도 필요하다는 것을 느꼈다.

이튿날 키보 산장4703m까지 7시간 산행에 돌입했다. 가이드 이든과 에드워러는 우리를 보호하면서 뒤에서 묵묵히 걸어왔다. 사진도 찍어주었다. 가끔은 아기 같은 포즈로 우리를 웃기기까지 했다. 걷는 속도가 조금 빠른 듯하면 "뽈레 뽈레" 하며 느린 걸음으로 걷게 했다. '뽈레 뽈레'는 '천천히 천천히'다.

시간이 갈수록 힘이 빠져 우리의 말수는 줄어들었다. 키보 산장과 가까워질 무렵 숨이 차고 머리가 띵했다. 드디어 고산증후군 증세가 나타나기 시작한 것이다. 화장실을 가는데 걸음이 허공에 떴다. 산장에 도착해서 가만히 누워 있었다. 누워서 쉬어도 가슴이 정상이 아니었다.

팀원 모두 간단한 식사 후 잠깐의 수면을 취했다. 밤 12시쯤 정상으로 출발할 계획이었다. 나는 고산증에 시달려 잠은커녕 제대로 먹지도 못했다. 밤 11시 무렵 사람들이 조용조용 움직이기 시작했다. 출발 준비를 하는 것이다. 나도 무거운 몸을 이끌고 준비를 시작했다.

드디어 출발. 두려움과 불안, 용기와 희망이 뒤섞였다. 캄캄한 밤하늘에 별이 총총했다. 별이 떨어질 듯 가까워, 반딧불처럼 보였다. 랜턴을 머리에 착용한 등정인들의 불빛이 줄을 이었다. 우리 팀에는 여성이 4명 참여했다. 그런데 출발한 지 얼마 안 되어 한 언니가 춥다고 한다. 고지의 추위를 체크하지 않고 여벌옷을 충분히 준비하지 않은 것이다. 다행히 가이드가 자신의 여벌옷을 빌려주었다. 정상으로 가는 길은 정말 만만치 않았다. 한 발을 올리면 두 발이 밀려내려오는 가파른 길이었다. 체력과 인내심이 절실한 코스였다. 지금까지 다녔던 길은 비단길이었다는 생각이 들 만큼.

얼마쯤 올랐을까. 언니가 구토 증세를 일으켰다. 나에게도 문제가 생겼다. 눈꺼풀을 덮는 졸음으로 걷기가 힘들어진 것이다. 주저앉으면 일어나지 못할 것 같았다. 셰르파는 나에게 오를 수 있다고 용기를 주는 대신 내려가기를 권했다. 나는 내려가고 싶지 않았다. 하지만 잠이 쏟아지는 몸은 건드리기만 해도 쓰러질 것 같았다. 셰르파의 눈에 나는 체력의 한계를 넘어선 것으로 보였다.

결국 셰르파의 판단이 옳았다. 5685m 높이의 길만스 포인트Gil-mans point에서 나는 스스로 더 이상 진행이 어렵다는 것을 인정했다. 죽을 것 같았다. 이러다 헬기에 실려 가면 모두에게 폐를 끼치는 일이므로 포기해야 했다. 내가 내려가겠다고 하자 셰르파는 '엄지 척'

을 해보이며 나를 격려했다. 포기에도 용기가 필요하다.

하지만 산을 내려오자마자 후회가 몸서리치게 밀려왔다.
'죽기 아니면 까무러치기라고 했는데, 끝까지 해볼걸!'
지금까지 기울인 노력과 정성이 너무나 아까웠다.
하지만 이내 나는 고개를 가로저었다. 자연을 이길 수는 없는 법.
고산증에서 자유롭지 못한 체력을 가진 나는 여기까지가 적당한 지
점이었다.
'그래. 길만스 포인트까지 오게 된 것만도 어디야? 나는 정말 값
진 일을 해낸 거야.'
스스로를 위로하자 마음이 조금 편안해졌다.
나는 숙소에서 정상에 등극하고 돌아온 일행들을 맞이했다. 그들
도 완전히 파김치가 되어 있었다.
"브라보! 원더풀! 대단하십니다."
아낌없는 박수를 보냈다.
정상에서 찍은 기념사진을 한 남자 산우에게 전달받았다. 우리 산
우들이 정말 멋져 보였다.
하산의 시간. 고산증을 거의 털어낸 나는 발걸음이 가벼웠다. 내
려오는 길에 우리 42명은 등정 축하송과 아리랑을 불렀다. 등정에 실
패한 나도 함께 불렀다. 우리는 산우이니까.
한참 내려가고 있는데, 한 일본 여성이 혼자 산을 오르고 있었다.
목적지가 어디까지인 줄은 모르겠지만, 혼자 산을 오른다는 사실 자

체에 나는 박수를 보냈다. 바로 내가 동경하던 모습이었다.

　정상을 밟지는 못했지만 킬리만자로 산행은 내게 다양한 체험을 안겨주었다. 그리고 꿈도 선물해주었다. 언젠가는 꼭 정상에 서리라는 꿈.

5 | 나와 산,
산과 나

산은 누구나 좋아한다. 오르는 사람과 오르지 않는 사람으로 나뉠 뿐이다. 오르는 사람은 또 두 가지로 나뉜다. 산에 미쳤다 할 정도로 열정을 가진 사람과 운동이나 산책 삼아 가는 사람으로. 틀린 것은 없다. 서로 다를 뿐이다.

어떤 분야이든 마니아가 되려면 많은 시간을 투자해야 한다. 시간 투자 없이 특정 분야의 마니아가 되기는 어렵다. 그 분야의 마니아가 되려면 최소한 10년은 필요하다는 말들을 한다. 이 말이 적어도 나에게는 들어맞았다. 나는 10년이 걸려 산 마니아가 되었다. 건강을 회복하기 위해 처음 발 딛은 산을 죽기 살기로 다녔다. 그 결과 '산에 미쳤다 할 정도로 열정을 가진 사람'이 되었다. 물론 건강도 되찾았다.

내가 산에 미쳐 사는 것은 그저 나의 삶일 뿐이다. 누구나 각자의 삶을 살면 된다. 운동에서, 공부에서, 봉사에서, 집필에서 나름의 의미를 찾으며 살면 되는 것이다. 그것이 행복이라 믿는다.

살았다 살았다

얼마 전에 아는 지인이 유명을 달리했다. 사업을 잘하고 있는 줄 알았다. 친구 몇 명이 장례식을 치렀다. 끝까지 사업을 연장시키는 일에만 몰두하느라 남겨진 가족들을 위한 경제 대책은 세우지 못하고 떠났다. 부도를 맞아 다른 묘책이 없는 상황에서 절망감을 이겨내지 못하고 혼자 떠남을 결정했다. 참으로 안타까운 일이다.

누구나 절망에 빠지면 헤어나기가 어렵다. 나 역시 그랬다. 1999년 11월 암 선고를 받은 나는 절망의 벽에 부딪쳤었다.

'왜 나입니까? 열심히 살았습니다.'

원망과 반항과 슬픔의 눈물을 흘렸다. 그런데 시간이 흐르니 오기가 생겼다.

'하느님, 살려주세요!'

절망에 빠져 낙담만 하고 있으면 더 구렁텅이로 떨어진다. 안간힘을 쓰며 의지를 다져야 살아갈 수 있는 힘이 생긴다. 나는 하느님을 믿는 사람이므로 영원한 구렁텅이로 던지시지 아니하시고 두드리는 자에게 주신다는 성경 말씀을 믿는다. 살려는 의지를 가져야 한다. 스스로를 깊은 늪으로 추락시키는 일은 없기를 간절히 바란다. 생명은 귀하고 귀하니까. 하나뿐이니까. 연꽃은 진흙탕에서 자란다. 고난 끝에 아름다움을 피우기에 많은 이에게 사랑받는 것인지도 모른다. 우리는 연꽃처럼 살아가야 할 것이다. 절망 속에서 헤어 나오면 더 큰 격려와 박수가 기다리고 있다.

요즈음 나는 TV에서 〈나는 자연인이다〉라는 프로그램을 재방송으로 보고 있다. 그 프로그램에는 자연 속에서 병마를 이긴 사람들이 많이 나온다. 나도 그런 사람들 중에 하나다. 자연 속에 산다는 것은 말 그대로 자연 속에 거주한다는 의미만은 아니다. 자연을 닮는 것이다. 자연의 마음을 갖는 것이다. 그래야만 몸과 마음을 갉아먹는 병마를 물리칠 수 있다. 절망에서 벗어나 행복하게 살기를 바란다. 아무리 힘들어도 죽음이 최선은 아니라고 믿는다.

죽고 싶을 만큼 힘들 때 한순간 그 고통에서 벗어나는 일은 어렵다. 매일매일 자신이 하고 싶은 일을 해보자. 작고 단순한 일이라도 그것이 습관화되면 행복이 싹틀 것이다. 특별하게 살려고 너무 애쓰지는 말자. 평범하게 사는 것도 괜찮다. 본인 스스로의 가치관으로 즐겁게 살아가는 것이 지혜로운 삶이다. 한편 그것이 특별한 삶일 수도 있다. 실상 많은 사람들이 그렇게 살아가지 못하기 때문이다.

딱히 하고 싶은 일이 없다면, 마음이 동하는 일이 아무것도 없다면 산을 바라보자. 봄여름 가을겨울 산은 어떤 모습을 하고 있는지 보자. 놓칠 것이 하나도 없다. 겨우내 움츠리고 있던 만물들이 쏙쏙

싹을 내는 모습을 눈에 담자. 연초록이 진초록으로 변하는 여름, 땀 흘리는 산객들에게 그늘을 만들어 주는 나무의 포용력을 느끼자. 가을을 맞아 줄기를 살릴 궁리에 빠지는 나무의 노력을 살피자. 설명할 수 없는 희망감이 가슴에 깃들 것이다. 모르는 사이 산의 기운을 받아온 몸은 건강하게 변해 있을 것이다.

사람마다 병의 종류와 정도에 따라 치료법이 같지는 않다. 개인적으로 나의 치료법은 산이었다. 나는 산에게 건강을 맡겼다. 전부를 맡겼다 해도 과언이 아니다. 믿고 맡기니 건강을 선물로 돌려받았다. 약으로만 치료하는 방법을 선택했다면 누구도 알 수 없는 결과를 가져왔을지도 모른다.

건강을 찾으니 하고 싶은 일을 하며 살고 싶었다. 그래서 대학교에 입학했다. 대학교를 졸업한 다음에는 대학원에 진학했다. '그 나이에 무슨 공부?'라고 할 수도 있겠지만, 나는 공부하고 싶다. 더 나은 방향으로 내 삶을 만들어가고 싶다. 내 삶은 지금 '현재진행형'이다.

청년 시절까지는 가난에, 중년에는 육아와 일과 투병에 발목이 잡혀 공부를 하지 못했다. 이제 노년의 시기에 인생의 숙제를 풀고 있는 중이다. 지금 할 수 있다는 것이 나에게는 중요하고, 또 감사하다. 인생의 남은 여백을 알차게 채우고 싶다. 그것이 나의 삶을 사랑하는 일이다.

정상이라는 곳

　많은 사람들이 정상에 선다. 그들은 성공한 사람들이다. 남다른 아이디어와 특출한 센스, 피나는 노력이 정상에 서게 만든다.

　나는 산의 정상에만 1,000회 이상 서 보았다. 시시한가. 시시하게 여겨도 괜찮다. 개인마다 의미를 두는 곳은 다르지 아니한가. 18여 년 동안 한 달에 다섯 번 정도 산을 다녔다. 그 결과 정상 1,000회 밟기라는 열매를 맺었다. 나는 산의 정상을 밟아온 내 삶에 만족한다. 일만 하고 살았다면 만족스러운 삶을 살았을 가능성이 희박했을 것이다.

　사실 산의 최고점에 서는 것도 쉬운 일만은 아니다. 최고점에 서기까지 땀과 노력을 들여야 한다. 그냥 얻어지는 것이 아니다. 한 걸음 한 걸음의 인내심과 꾸준함도 필요하다. 건강은 두 말 할 것 없다.

　이 순간 산을 타면서 겪은 일들이 파노라마처럼 펼쳐진다. 야생화의 화려한 파티, 풍덩 빠지고 만 계곡물, 발이 푹푹 빠지던 눈길, 다리 아픔과 숨 가쁨……. 산을 타면 필연적으로 수많은 고비들을 만난다. 조난을 당해 밤새 산에 묶였다가 다음날 아침 119 구조대의 도움으로 일행에 합류하게 되는, 참으로 기막힌 일들이 생길 때도 있다.

이 고비들을 무사히 넘겨야만 정상에 설 수 있다. 정상에 섰을 때 뿌듯한 이유는 고비를 넘어온 스스로가 대견해서일 것이다.

정상에 서면 깨달음을 얻는다.

'조금 더 이해할걸. 하나를 내어주면 둘을 얻는 법인데……'

남편과의 작은 다툼도, 다양한 스트레스도, 섭섭한 일들도 홀연히 사라진다. 내 탓으로 돌린다.

아픈 기억들도 부드러워진다. '어떻게 그럴 수가 있을까?' 했던 일들도 '그럴 수도 있지.'로 바뀐다. 이런 깨달음은 사람이 줄 수 없는, 자연만이 줄 수 있는 선물이다.

정상에서 아래를 내려다보면 많은 것이 보인다. 성내고 다투던 내 모습이 보이고, 그 성냄과 다툼이 부질없음이 보인다. 정상의 환경은 사람을 변화시킨다. 사람을 사로잡는다.

한 친구가 있다. 어느 친구보다 똑똑하고 지혜롭다. 그래서 더 좋아하는 친구다. 그 친구는 내가 아플 때 매일 죽을 끓여다주며 위로해주었다.

사실 친구도 많이 아팠었다. 나처럼 암을 앓았다. 항암치료가 너무 힘들어 고통의 밤을 지내는 친구를 나는 안쓰러워하며 지켜보았다. 독한 항암제로 인해 다리에 통증을 느끼기도 했는데, 괴로워하는 모습이 눈물겨웠다. 친구는 아픔을 참기 위해 사회복지학과에 입학했다. 보통 사람들은 감히 생각하지 못할 발상이다. 아프니까 학교에 간 것이다. 아프면 침상에 누워 주사 맞고 약을 먹는 게 상식인데, 친구는 상식을 파괴하고 고통을 이기는 남다른 방법을 생각해낸 것이다. 그때가 오십대 후반이었다.

친구의 발상은 결국 좋은 결과를 이끌어냈다. 무사히 졸업한 뒤 일급 미술심리지도사가 된 것이다. 지금은 요양센터에서 할머니들 미술 지도를 해드리고 있다. 색칠하고, 같이 놀아주고, 이야기를 들어주며 미술 지도를 한다. 담당 의사선생님도 그런 친구의 모습에 놀랐다. 나한테 이렇게 칭찬하기까지 했다.

"이 환자 보세요. 상태가 심각했는데, 이렇게 이겨내고 건강을 되찾았습니다. 박수쳐 주세요."

친구는 칭찬과 박수를 받을 만하다. 친구는 정상에 오른 사람이다. 나는 친구를 극찬한다.

우리나라 전국에 존재하는 산의 수는 4,440여 개로 알고 있다. 경북 680개, 경남 635개, 전남 568개, 강원도 517개, 제주도 55개다. 제주의 오름은 200m 이상일 때 산으로 분류되었다. 도시로 본다면 대구가 80개로 가장 많다. 군 단위로는 고성군이 68개이며, 그다음으로는 산청군과 홍천군이 뒤를 잇는다. 이는 산림청의 통계자료이다.

'죽기 전에 우리나라 국토의 산들을 다 가볼 수 있을까?'

스스로에게 던진 질문은 꿈이 된다. 산들의 정상이 아련하게 보이는 듯하다.

정상은 언제나 우리 곁에 있다. 멀리 있지 않다. 다만 어느 정상이든 남이 오르게 해주지 않는다. 오르는 것은 스스로의 몫이다. 건강

정상은 하루아침에 갈 수 없다.

나는 산의 정상을 1,000번 오르는 데 18여 년의 시간이 걸렸다.

힘들었고, 경제활동에 타격을 입기도 했다. 다른 일을 못할 때도 있었다.

정상에 오르는 데는 이렇게 우여곡절이 따른다.

지금 우여곡절을 겪고 있다면 정상을 향해 가는 과정이라고 생각하자. 힘을 내자.

의 정상도, 공부의 정상도, 취미생활의 정상도 본인이 딛고 올라 밟아야 한다.

정상은 하루아침에 갈 수 없다. 나는 산의 정상을 1,000번 오르는 데 18여 년의 시간이 걸렸다. 힘들었고, 경제활동에 타격을 입기도 했다. 다른 일을 못할 때도 있었다. 정상에 오르는 데는 이렇게 우여곡절이 따른다.

지금 우여곡절을 겪고 있다면 정상을 향해 가는 과정이라고 생각하자. 힘을 내자.

돌아가야만 할
사정이 없는 사람

배우려는 마음만 먹는다면 배울 것이 너무나 많다. 박물관 대학, 주부 대학, 주민센터 문화강좌 등 배울 수 있는 창구도 다양해졌다. 본인이 의지만 갖고 시간만 낸다면 무엇이든지 배울 수 있는 세상이다. 독서도 배움이다. 일주일에 몇 권을 읽었다고 자랑하는 독서광들을 보면 부러운 것이 사실이다. 나는 일주일에 한 권을 읽는 것도 제대로 못해 이 주일도 가고 삼 주일도 가는 경우가 다반사기 때문이다. 거듭 작정해도 번번이 작심삼일이 된다.

여하튼 나는 배우고 싶은 것이 너무 많다. 모르는 게 너무 많아서 매일 배우고만 싶다. 그런데 제일로 사랑하는 남편은 배우고 싶은 것이 없다고 한다. 이를 어쩌면 좋으리오? 나보다 훨씬 똑똑하니 할 말은 없다.

"매일 배우기만 하면 어떡해요? 아웃풋을 해야죠."

어떤 분이 말했다. 맞는 말이다. 지금껏 나는 아웃풋을 못 했다. 한 가지만 전문적으로 파고들지 않고 이것저것 공부하다 보니 그 무엇도 아웃풋 할 자신감이 없는 것이다.

차* 공부에만 시간과 에너지를 인풋했다면 차 선생님이 되었을 것이고, 커피 공부에만 몰입했다면 유명한 커피선생이 되지 않았을까. 시간이 지난 후에야 꼭 후회를 한다. 삶은 기다려주지 않는다는 걸 알면서도 말이다.

한 가지에만 인풋하지 못하더라도 배우는 것이 그래도 낫다고 생각한다. 배움은 풍성한 삶에 도움이 된다. 노래를 배우면 즐거워지고, 운동을 배우면 건강해지고, 외국어를 배우면 편리하며, 철학을 배우면 지혜로워진다. 선택은 본인의 몫이다. 어차피 각자의 방식대로 사는 것이므로. 그래도 나는 무언가 배우는 삶을 권하고 싶다.

겨울에 공식 가이드 없이 중국 칭타오를 여행했다. 여행객 13명이 모두 가이드가 되는 셈이다. 공식 가이드가 있으면 통솔하는 대로 따르기만 하면 되지만, 같은 입장에서 서로 도와야 한다. 훗날 혼자만의 해외여행을 꿈꾸고 있던 나는 배울 것이 있으리라는 생각에 그 여행에 따라나섰다. 실제로 중국 입국 서류도 직접 써보고, 여행지의 특징도 알아보고 하니, 공부가 많이 되었다. 중국 입국 수속 절차가 조금 바뀌어서 약간 당황했었는데, 그것도 별 탈 없이 해냈다. 이제는 손바닥 지문을 다 찍어야만 입국 허가가 내려졌다.

예약한 버스가 대기하고 있었다. 팀원 중에 영어가 되는 동행은 있는데, 중국어가 되는 팀원이 없었다. 구글 번역기를 썼다. 불편하지만 감수해야 했다. 다행히 순조롭게 버스에 올랐고, 맥주 박물관까지 무사히 달려갔다.

맥주 박물관에는 관광객이 많았다. 떠밀려 다닐 정도였다. 그 북새통에서 잠시 숨을 고르기 위해 칭타오 맥주 원액을 마셨다. 팀원들이 그 맛을 칭찬했다. 독일로부터 들여온 기술로 만든 칭타오 맥주는 지금 세계적인 명성을 얻고 있는 중이다.

'어? 맛있네?'

칭타오 맥주의 맛이 느껴지는 순간 애국심이 발동했다.

'왜 우리나라 맥주는 세계적이지 못하지? 마케팅 문제인가? 맛있게 못 만들어서 그런가?'

나는 의문과 아쉬움을 가득 안은 채 맥주 박물관을 나섰다.

다음날 우리는 칭타오 독일마을로 떠났다. 근처에 버스를 세운 뒤 관광에 나서기로 했는데, 절반은 추워서 버스에 있기를 희망했다. 나머지 절반만 구글 번역기를 활용해 독일마을을 찾아나섰다. 당연히 나는 '나머지 절반'에 속했다.

하지만 불상사가 일어났다. 길만 찾다가 독일마을엔 가보지도 못하고 버스로 돌아오게 된 것이다. 우리에게 주어진 시간은 한 시간이었는데, 가이드도 없고 중국어도 못하니 한 시간동안 헤매기만 한 것이다. 단순히 길을 몰라서만은 아니었다.

가이드라는 통솔자가 없으니 의견이 분분했고, 때문에 의견을 일치시키느라 시간을 잡아먹은 탓도 있었다. 가이드 없는 여행에서 겪은 새로운 경험이었다. 역시 여러 사람이 모일 때는 '원만함'을 추구해야 한다는 점을 새삼 깨닫게 되었다. 내가 칭타오 여행에서 배운

산악회에서 건강을 찾았고 산악회에서 산과 친해지는 법을 배웠으니
기꺼이 봉사할 만하다. 산우들과 교류하며 사람의 도리도 배웠으니
더욱 동기가 생긴다. 이제는 되돌려주어야 할 차례다.
먹고사는 일이 바쁘지만 작은 도움이라도 되고 싶다.

한 가지였다.

　지리산 산행에서 한 산우가 조난을 당한 적이 있었다. 그 산우는 해질 무렵이 되었는데도 돌아오지 않았다. 연락도 닿지 않았다. 산을 잘 타는 분이 거슬러 올라갔지만 찾지 못하고 내려왔다. 모두들 걱정에 휩싸였다. 여자 산우여서 더 걱정이었다. 아무래도 여자 산우들은 남자 산우보다 대처 능력이 떨어졌다.

　천만다행으로 조난당한 산우와 전화통화를 할 수 있었다. 대장님은 그 산우가 영신봉 근처에 있으니, 남은 산우는 다들 귀가하라고 통보했다. 너무 늦은 시간이고, 일단 조난자와 연락이 닿았으니 다들 귀가하기로 결정을 내렸다. 하지만 버스가 출발하려는 찰나 이런 생각이 들었다.

　'이렇게는 돌아갈 수 없어. 남자도 아닌 여자를 깊은 지리산 중에 두고 돌아간다는 건 산꾼의 도리가 아닐뿐더러 사람의 도리도 아니야.'

　나는 남기로 했다. 지리산을 좋아하는 산우 한 분과 함께 조난자를 기다리기로 했다. 두 사람은 백무동 식당에서 밤을 새웠다. 그리고 이른 새벽에 세석대피소에 올랐다. 대피소 구조요원은 조난자가 바위 근처에 있다는 것만 알고 수색을 펼쳤다.

　얼마 후 찾았다는 소식과 안전하다는 소식을 전해주었다. 내 입에서는 긴 안도의 한숨이 터져나왔다. 지리산 구석구석 퍼질 정도로 한숨소리가 컸다. 구조대원에게 감사 인사를 드렸다. 조난자는 구조요원의 도움으로 가족들에게 무사히 인계되었다.

만약 내가 그대로 귀가했으면 어땠을까? 몸은 가벼웠겠지만 마음은 무거웠을 것이다. 잠깐이 아니라 평생. 배움도 중요하지만 도리를 아는 일이 더 중요하다는 것을 나는 그때 깨달았다. 돌이켜보면 이것도 배운 점이다.

당시 조난당했던 여자 산우는 구조된 뒤 이런 말을 했다.

"낭떠러지에 있으면 안전해요. 짐승도 낭떠러지라는 것을 알고 안 오거든요."

이 얼마나 박식함과 강인함이 뿜뿜 터지는 말인지! 아마 대부분의 여성들은 살려달라고 아우성치다가 까무러치고 말 것이다. 그 여자 산우 덕분에 위기 상황에서는 무엇보다도 담대해야 한다는 것을 또 배웠다.

이야기를 조금 더 해야겠다. 지리산에서 조난자를 가족에게 인계한 뒤 집에 돌아오니, 남편은 화가 머리끝까지 올라 있었다.

"왜 당신이 나서? 집행부가 책임져야지!"

"이해해줘요. 그냥 두고 올 수 없었어요."

사실 그때 남편에게 조금 실망했다. 세상 남편들이 이런 좁은 마음을 가지고 있다면, 우리 사회는 발전이 없다. 사실 다른 산우들이 도리를 몰라서 귀가 버스에 오른 것은 아니었다. 모두 직장이 있고, 돌아가야만 하는 사정들이 있었다.

게다가 40명이 다 남아 있다고 해서 해결되는 것도 아니었다. 누군가 수고를 해야 했다. 한두 사람의 수고가 전체를 편안하게 할 수 있다면 수고를 감수하는 것이 지혜가 된다. 나의 수고로 다른 사람에게 평안을 주는 것, 이 얼마나 감사한 일인가. 1,000회의 산행은 결코 헛되지 않았다. 인내를, 용기를, 나눔을, 순리를 배웠기 때문이다.

이제는 20여 년 된 산악회의 총무로 봉사하고 있다. 산악회에서 건강을 찾았고 산악회에서 산과 친해지는 법을 배웠으니 기꺼이 봉사할 만하다. 산우들과 교류하며 사람의 도리도 배웠으니 더욱 동기가 생긴다. 이제는 되돌려주어야 할 차례다. 먹고사는 일이 바쁘지만 작은 도움이라도 되고 싶다.

고향이 좋다

내 고향은 산 좋고 물 좋고 인심 좋은 창원 북면이다. 우리 어린 시절에는 지지리도 가난했던 면소재지이다. 지금은 창원시로 편입되었다. 옛 창원은 조선시대의 읍성으로 사대문의 유적이 있는 곳이다. 우리가 태어날 시기에는 정말 가난한 100가호의 동네였는데, 산업도시로 계획되면서 몰라보게 탈바꿈했다.

어린 시절이 생각난다. 보자기에 책을 싸서 허리에 매고 학교를 다니던 시절. 코를 찔찔 흘리던 국민학생인 우리에게는 하교 시간에 제한이 없었다. 친구들과 마음껏 장난치며 다니다가 집에 오고 싶을 때 왔다. 급식 빵을 먹었고, 과자가 없어 군것질은 못 했다. 감자나 고구마 같은 농산물이 간식의 전부였다.

일제강점기에 '황국신민의 학교'라는 의미를 담은 '국민학교'라는 용어가 생겼다. 이 용어를 1996년에 '초등학교'로 변경했다. 다행스러운 의식의 변화였다. 나는 그 국민학교를 졸업하고 여자 중학교에 입학했다. 우리 시골동네와 달리 반 친구들이 과외라는 것을 하고 있었다. 나는 과외가 무엇인지도 잘 몰랐다. 그만큼 아는 게 없었던 나는 중학교 3년은 공부를 열심히 해야 한다는 것도 모르고 책가방만 부지런히 들고 학교를 다녔다. 그때를 생각하면 지금도 빙그레 웃음이 나온다. 몰라도 그렇게 모를 수가 있었을까?

집은 허름하기 그지없었다. 화장실은 마당 한 구석의 재래식 변소였다. 수돗물이 없어 냇가에서 빨래를 했고, 동네 우물에서 야채랑 보리쌀 등을 씻었다. 조금 살기가 좋아지면서 집에 슬레트 지붕을 씌웠다. 동네길은 콘크리트로 포장되었다. 시집갈 무렵에는 처음으로 대한전선에서 컬러TV가 나오기 시작했다. 베이비붐세대의 경제 사정은 참 어려웠다. 대학이라는 곳은 몇몇 친구들의 특혜였다.

고향은 추억이 있는 곳이다. 아픔보다는 즐거움이 크다. 나의 고향에는 친구들과의 추억도 깃들어 있다. 초등학교 동창회에 가면 지금도 재미있다. 이야기들이 정겹다. 머슴애 친구들이 별나게 놀았던 이야기, 수박서리와 참외서리의 긴장감 등을 만날 때마다 실감나게 살려낸다.

요즘 아이들에게 과일서리는 딴 세상 이야기로 다가올지도 모르겠다. 그건 가난하던 시절 아이들의 추억이지, 경제 사정이 좋은 요즘 아이들에게는 시시한 옛날이야기쯤으로 여겨질 것 같다. 지금은 누가 공부를 잘하고, 어느 대학에 가고, 부모님 직업은 무엇이고 등이 주요 이야깃거리이다. 요즘 아이들에게는 친구와 게임한 일, 인터넷 동영상, SNS의 대화 등이 훗날 추억이 되지 않을까 싶다.

초등학교 시절, 가을운동회 날이었다. 경기 차례를 기다리던 우리들은 가만히 있지 못하고 마침 곁에 있던 철봉에서 장난을 쳤다.

내가 철봉에 매달리면 친구가 밀어주기를 반복했다. 그러다가 사고가 났다. 내가 떨어지면서 턱이 찢어진 것이다. 병원은 도심으로 나가야 하니, 급한 대로 동네에서 의술을 조금 가지고 있는 어르신 집으로 갔다. 마취 없이 꿰매는 게 너무 아파 나는 악악 고함을 질러댔다. 하지만 어르신은 아랑곳하지 않았고, 여덟 바늘을 꿰매고서야 수술을 마쳤다.

훗날 어른이 되어서 알고 보니, 그 어르신은 친구 아버지였다. 그때는 이미 돌아가신 뒤였다. 일찍 알았더라면 인사라도 드렸을 텐데, 늦게 알게 된 것이 아쉽고 죄송했다. 동네 어르신의 수술이 지금은 생각하기도 어려운 일이지만, 그 시절 의사가 없는 시골동네에서는 가능한 일이었다. 위험(?)하지만 아름다운 추억이다.

중학교, 고등학교는 완행버스를 타고 다녔다. 등교시간에는 학생들이 몰리는데, 아랫동네에서부터 타고 오는 학생들이 많다보니 우리 동네 친구들은 언제나 문에 매달려 갔다. 매일같이 안내양 아가씨가 우리를 꾹꾹 밀어넣으며 문을 닫았다.

그 시절에는 차장이라 불리는 안내양이 있었다. 안내양은 승객들에게 차비나 차표를 걷고, 버스 문을 여닫는 일을 했다. 승객들이 넘쳐날 땐 버스 문에 매달려 달리는 위험한 곡예를 하기도 했다. 지금 생각하면 참 안쓰러운 풍경이다. 나는 버스를 타지 않고 비포장도로를 걸어 다니기도 했다. 차비가 없을 때도 있었고, 있어도 꿍쳐두었다가 간식을 사먹을 때도 있었기 때문이다. 간식이란 앞서 제1장에서 소개한 뽀빠이 과자다. 추억의 과자.

고향에는 경쟁이 없다. 화합, 휴식, 치유만 있다. 고향은 "여기서 쉬어 가세요"라고 말 붙여 오는 곳이다.

제2의 고향도 마찬가지다. 나고 자란 곳은 아니지만 자신의 마음 속에 고향처럼 담아둔 그곳. 나에게는 그곳이 산이다. 산은 나에게 여기서 쉬어가라고 한다. 그래서 산에서는 마음이 편안하다. 제2의 고향이 꼭 장소만 될 수 있는 것은 아니다. 어떤 사람에게는 음악이, 여행이, 종교가 제2의 고향이 될 수 있다.

산우들은 고향 친구들처럼 정겨운 존재들이다. 암릉에서 올라가지도, 내려가지도 못하고 덜덜 떨고 있을 때 길잡이 역할을 해주던 힘 센 산우를 포함해 여러 산우들이 내게 도움을 주었다. 그들 덕분에 제2의 고향에서 더없이 행복하다.

나는 산이라는 고향에서 계속 머물기를 희망한다. 염원한다. 친구에게도 소개하고 같이 가자고 권하고 싶다. 산은 나를 살린 곳이기 때문이다. 사람은 자연을 떠나서 살 수 없는 법이고, 산은 곧 자연이다.

산은 언제는 나를 반긴다. 고향이 언제나 나를 반기듯이.

잘들 놉시다

잘 노는 것이 잘 사는 일이다. 이보다 더 멋진 말이 있을지 모르겠다. 잘 놀고 잘 사는 사람이 누구냐고 물으면 가수들을 꼽고 싶다. 나는 가수들이 부럽다. 가수들은 흥이 가는대로 노래를 부른다. 마음껏 기량을 발휘하면서 동시에 즐기기도 하는 것이다. 관중의 박수도 받는다. 노래를 부르고 돈도 번다. 물론 가수들도 애환이 있겠지만, 많은 사람들의 눈에는 즐겁게 놀면서 돈 버는 것으로 보인다.

여행 작가들도 부러운 사람들이다. 그들은 새로운 곳에서 색다른 경험을 하면서 책을 쓴다. 베스트셀러가 되면 대박이다. 여행의 즐거움에 돈과 명성까지 얻게 되는 것이다. 당연히 이들에게도 치밀한 준비 과정에서 오는 스트레스나 집필의 고통이 있다. 그러나 여행하면서 돈 버는 일이 부러운 것은 어쩔 수 없는 현실이다.

요즘 기업 문화가 바뀌고 있다고 한다. "잘 쉬고 잘 노는 게 경쟁력이다."라는 기업 가치를 내거는 기업이 늘어나고 있고, 기업의 CEO들도 '운동, 휴식이 경쟁력'이라는 경영 전략을 내세운다고들 한다.

왜일까? 기업은 일만 하는 곳이 아니라 사원의 경쟁력을 키우는 곳이고, 그 경쟁력은 곧 기업에 이익으로 돌아오기 때문이다. 즐겁게 일하면 사원은 능력 이상의 성과를 낼 수 있다. 그 성과는 사원의 경쟁력, 나아가 기업의 경쟁력으로 이어진다. 직원들에게 일만 계속 시키는 기업보다 이렇게 발상의 전환을 한 기업들이 더 잘된다고 한다.

흔히들 현대는 100세 시대라고 한다. 그런데 100세를 살아도 건강하지 못하면 장수는 고통일 따름이다. 우리의 슬로건은 건강한 100세이다. 젊은이들에게 100세의 노인들은 다 맡길 수는 없다. 노인에게 지급되는 복지기금은 사실 젊은이들이 지고 가는 짐이다.

우리 스스로 살길을 찾아야 한다. 연금만으로는 부족하다. 사회적 분위기가 조성되어야 한다. 요즘 대두되는 사회적 기업은 청년들에게도 좋은 창업 아이템이 되지만, 100세 시대를 준비하는 베이비붐 세대에게도 역시 활용 가치가 높은 제도가 된다. 실제로 몇몇 동네에 사는 연배들끼리 아니면 문화센터 동호회의 회원들끼리 적은 금액의 투자로 아이디어 상품을 개발해 바를 운영하는 것을 보았다. 아니면 생활필수품을 파는 가게를 운영할 수도 있다. 사회적 기업의 문은 누구에게나 열려 있다.

이와 같이 생각하고 아이디어를 내면 우리의 100세는 얼마든지 즐거울 수 있다. 젊은이들에게 피해를 주지 아니하고, 즐겁게 놀면서 돈을 버는 일석이조의 효과를 얻을 수 있다.

산을 열심히 타는 세 분의 지인이 있다. 이분들은 현재 직업 가이드로 활동하고 있다. 처음에는 그저 산이 좋아 발 빠르게 여러 산을 답습하고 산우들과 교류를 갖는 것으로 만족했는데, 점점 산의 즐거움에 빠져들며 가이드로 변신하게 되었다. 이분들은 해외 트레킹 안내까지 척척 해내는 전문 트레커로도 활약한다. 잘 놀면서 잘 살게 된 것이다.

나는 산에서 잘 놀았다. 사계절 삼천리금수강산의 모습을 직접 보기도 하고 간접적으로 보기도 하면서 나에게 맞는 최고의 놀이문화를 만들었다. 그 놀이문화가 내 삶 속에 스며들도록 힘썼다. 그 결과 자연과 같이 어우러져 잘 살게 되었다. 무엇이든 자신만의 놀이문화를 이룩하는 것이 중요하다. 그것을 건설적인 방향으로 즐긴다면 생산적인 자아를 만들 수 있다. 놀이는 삶과 직결된다.

친구 중에 잘 놀고 잘 사는 친구가 한 명 있다. 어느 날 그 친구에게 시련이 닥쳤다. 친구는 몹시 힘들어했다. 너무나 분해 시련의 상황에서 벗어나기를 거부하는 것인지, 아니면 의지력이 약한 것인지 도무지 친구의 마음을 헤아릴 수 없었다.

"너도 내 입장되어 봐."

친구의 뾰족한 말에 나는 잠자코 기다리기로 했다. 어설픈 조언이나 격려는 삼가기로 했다.

결국 친구는 고통에서 빠져나왔다. 본디 잘 놀고 잘 살던 친구라 긍정의 에너지가 남아 있던 모양이었다. 여하튼 친구가 그 정도로 괴로워하는 모습은 내게는 다소 낯설었다.

누구나 힘들 때가 있다. 하지만 힘들어도 이겨내야 한다. 떨쳐버

려야 한다. 힘듦에 무릎 꿇으면 영영 일어나지 못할 수도 있다. 그런 상황을 막기 위해서라도 놀이가 필요하다. 놀이는 고통을 달래는 특효약이다.

산에서 잘 놀다 보니 이제는 산이 없으면 나는 살 수가 없다. '산이 없다면?' 이런 가정만 해도 사는 게 재미없어진다. 지금 나는 산 마니아로 우뚝 설 자리를 구축하고 있는 중이다. 잘 노는 일은 잘 술 수 있는 기초가 된다. 나는 잘 살아낼 거다.

6 오늘도 나는 산에 오른다

거제 둔덕면의 서쪽에 있는 산방산(507m)에는 3개의 암릉이 버티고 서 있다. 산방산은 거제의 10대 명산이다. 또한 청마의 마을이기도 하다. 이곳 둔덕면 방하리는 근대문학가 청마 유치환 시인의 복원생가, 묘소, 기념관이 자리하고 있다.

2018년 끝자락 12월의 산행지로 산방산을 잡는다. 산우들과 같이 다닌 시간들이 이제는 만 18년이다. 하루 24km를, 1시간에 3km씩 걷는 산행을 했다. 빠른 사람과 비교하면 느리지만, 우리 나름 빠르게 걸었다. 지금은 느릿느릿 산우들과 이야기 나누며 천천히 걷는다. 개인기 발휘의 산행이 아니라 그룹으로 움직이는 느림보 산행이다. 점심도 느긋하게 먹는다. 맑은 공기에서 먹는 점심은 꿀맛이다. 이제는 여유 있는 산행을 한다.

산방산도 여유롭게 걸었다. 걷는 동안 아무런 생각이 없다. 무념이다. 자연의 풍광에 시를 출품하지 못하지만 시인이 된다. 산에 머무르는 동안 산과의 사랑에 푹 빠지고 만다.

천 번을 올랐지만
또 오르고 싶다

산행 인구 2천 만 시대라고 한다. 취미생활로 산을 즐기는 인구가 적지 않음을 보여 주는 수치다. 나는 사십대 초반까지는 산을 한 번도 타 보지 않았다. 갈 생각도 하지 않았고, 누구랑 어떻게 가야 하는지 아무런 정보도 없었다. 산과 관련된 정보는 제로였다. 심한 병을 앓고부터 산을 알게 되었고, 이제는 산을 좋아하는 산 마니아로 변했다. 처음에는 힘들어서 주저앉았고, 산을 조금 안다는 생각이 들었을 때는 내달리면서 무리한 산행을 했다. 지금은 시나브로 즐기면서 산행을 한다. 이러한 과정들이 천 번 이상의 정상을 밟게 했다. 더 많이 다닌 산꾼도 있을 것이다. 그분에게 경의를 표한다.

산림청 통계에 따르면 산의 개수가 4,440개라고 한다. 그 많은 산을 다 가보고 싶은 욕심은 있지만 그렇게 하기는 사실 어렵다. 일을 버리고 완전히 산만 타는 산쟁이로 살아야 한다. 직장이 있고 가정이 있는 주부로서 산쟁이로만은 살 수 없는 일이다. 가족들에게 불편함을 안기기 때문이다.

제주도, 경상남북도, 전라남북도, 충청남북도, 강원도, 수도권, 그리고 섬. 우리 땅의 많은 산은 우리들의 놀이터였다. 무박으로 일박으로 당일로 산을 찾아 버스를 타고 종횡무진으로 움직였다. 산행을 가면서 문화유적지도 답사했고, 지역 축제도 즐겼다. 특히 하동 벚꽃축제, 보령 머드축제, 불갑사 상사화축제가 기억에 남는다. 즐거운 축제는 인생의 보너스나 다름없다. 맛집 투어를 겸할 때도 많았다. 나는 지역 경제에 조금이나마 보탬을 주는 일이라 여기고 먹는 일에 적극 동참했다. 이와 같이 천 번의 산행은 많은 이야기와 추억을 만들었다. 모두 산이 안겨준 선물이었다.

남덕유산의 겨울 산행은 지금 생각해도 여전히 아찔하다. 무사히 돌아온 것만으로도 감사하다. 겨우겨우 눈길을 밟아 산을 내려오니, 빙판이 된 도로가 우리를 기다리고 있었다. 날은 어두워져서 도로 위 빙판이 눈에 잘 들어오지도 않았다. 그런 도로를 버스로 달리는데 브레이크도 마음 놓고 잡을 수 없는 상황이었다. 자칫 버스가 빙그르르 돌거나 뒤집어질 수도 있기 때문이었다. 고갯길을 달려 내려올 때는 정말 가슴이 조마조마했다.

산 후배님이랑 1박 2일 일정으로 강원도 덕가산과 구봉대산으로 떠났다. 먼저 닿은 구봉대산에서는 소나기가 우리를 혼쭐을 냈다. 완전히 비 맞은 생쥐가 되었다. 그래도 두 산꾼은 기죽지 않았다. 우리는 추위를 거뜬히 이겨내고, 소나기 속에서 구봉대산 정상을 탈환하고 하산했다.

다음날 덕가산에서는 길을 잃어 알바를 하게 되었다. 여기서 알바

란 산길을 따라 산행하지 못하고 이탈하게 되어 더 걷게 되는 일이
다. 알바의 보수는 달래였다. 익어 떨어지는 산 달래의 맛은 당도가
꽤 높다. 비타민C의 보고이다. 산길은 흙 범벅에, 등산화 무게는 우
리의 운동량을 배로 증가시켰지만 달래가 우리를 달래주었다. 힘든
상황이 도심에서 일어나면 짜증과 투덜거림만 늘어나겠지만 신기하
게도 산에서는 다 용납이 된다. 힘든 상황을 기꺼이 받아들이려 하
고 이겨내려 한다.

산청 적벽산, 백마산, 월명산 산행도 기억에 남는다. 이 세 개의
산은 정상이 이어져 있다. 그리 높지 않으며, 아기자기하게 생긴 예
쁜 산이다. 여성 5명이 한 팀이 되어 산행을 즐겼다. 문제는 하산 코
스에서 일어났다. 그곳은 밤의 천국이었다. 주인도 없는 야산에서 공
짜로 밤을 수확하는 것은 복권에 당첨되는 것만큼 기쁜 일이었다. 하
지만 과욕은 금물! 다들 어느 정도 들고 올 수 있는 양만 주웠다. 밤
알은 토실토실 윤기가 흘렀다. 시장에서 만나기 힘든 일등품 수준이
었다. 부자 된 마음에 쫄랑쫄랑 걸어오니 밤 농장이 있다. 분명히 우
리가 지나온 밤밭은 산림청 구역으로 주인이 없는데, 우리가 혹시 밤
농장 주인의 밤을 주운 것은 아닐까 불안했다. 그 불안함에 조심조심
걷는데, 농장의 개가 갑자기 짖었다. 우리는 그 소리에 일제히 놀랐
다. 정말 도둑이 제 발 저리다는 속담을 실감나게 경험했다. 그때 우
리끼리 놀란 가슴을 어찌나 쓸어내렸는지……. 다시 말하지만 우리
는 밤도둑이 아니다.

천 번의 정상을 밟고, 산과 따스하게 교류한 시간들은 전혀 아깝지가 않다. 산과 함께한 시간은 행복이었다. 산이 있었기에 건강도 찾을 수 있었으니, 내가 어찌 산을 잊을 수 있겠는가!

의료기술과 시설이 아무리 발달해도 그것만으로 고치기 힘든 병은 여전히 많다. 그 병의 치료를 산이 돕는다. 암과 같은 중병은 치료비도 만만치 않다. 보장성 보험이 없다면 그 부담은 더 크다. 중병은 가정 경제를 무너뜨린다.

나는 산에서 병을 고쳤으니 가정경제도 살린 셈이다. 이렇게 좋은 산에 왜 가지 않는가?

산은 늘
그 자리에 있으니

늘 그 자리에 있는 것이 귀중한 줄을 모르고 산다. 공기, 물, 산소는 두말할 것도 없으며, 산도 그러하다. 가족도 마찬가지다. 배우자의 소중함, 부모의 소중함을 알지 못할 때가 더 많다. 늘 곁에 있을 거라 생각하며 배우자에게는 소홀하고, 부모님에게는 불효한다.

나는 친정 부모님에게 소홀했다. 내가 힘들어서 그랬다. 시부모님 모시고 산다는 핑계로 뒷전에 두었다.

"엄마, 아버지는 오빠가 모셔야지, 시부모님 모시기도 힘들어. 난 출가외인이잖아."

서울 오빠 집으로 친정 부모님을 보냈다. 어머니는 시골에서 늘 지냈기 때문에 서울로 가기 싫어했지만 어쩔 수 없이 아들에게로 갔다. 그리고 편치 않은 몸으로 서울서 지내다가 돌아가셨다. 고향 산천에는 임종 후 다시 오게 되었다.

어머니는 얼마나 고향으로 오고 싶었을까. 세월이 흘렀지만 늘 가슴 찡하다. 늘 살아 있을 줄 알았고, 산처럼 그 자리에 머물러 있을 거라 생각했다. 그래서 부모님의 귀중함을 몰랐다. 이제는 떠나고 없지만 부모님의 그 사랑을 늘 생각하며 미소 짓는다. 그렇게 사랑하며 살려고 한다. 그것이 나의 때늦은 부모님 사랑법이다.

산악회에서는 45인승 버스의 정원인 45명이 다 타는 만차로 움직일 때가 많다. 산행지인 목적지에 내리며 어떤 산악회에서는 같이 스트레칭을 한 뒤 산행을 시작하지만, 또 어떤 산악회에서는 내리자마자 바로 산행에 들어가기도 한다. 두 가지 다 집중과 단합을 위한 행동이다. 아무튼 어떤 산악회든 선두에는 대개 남자들이 서는데, 그분들의 산행 속도는 준 마라톤 급이다. 뒤에서 따라가는 사람은 길바닥과 앞사람의 뒤꿈치만 보고 걷게 된다. 그러면 산행 후 남는 것은 빨리 다녀왔다는 것뿐이다.

마치 달리기 경주를 하듯 산을 타는 사람들이 있다. 이들은 점심식사도 대강 한다. 허기만 면하면 출발한다. 누가 앞서 가는 게 싫은 것이다. 산과 친구하면서 대화할 시간도 없다. 아름다운 야생화도 좀 쳐다보면서 "너 어찌 그리 이쁘냐?" 칭찬도 해주면 좋을 텐데 말이다.

나도 처음에는 빨리만 오르려고 했다. 하지만 느긋하게 걸으면서 노는 게 진짜 산행이라는 것을 깨달았다. 쉬며 걸으며 확 트인 바위에 서서 조망도 하는 것이 큰 즐거움이다. 천천히 가야 숲속의 피톤치드도 실컷 배부르게 마실 수 있다. 산의 냄새도 맡아본다. 이 냄새의 장점은 정말 맡아본 사람만이 알 수 있다.

홀로 산행이 아닌 이상 단체의 하산 시간은 집행부에서 정해준다.

늘 그 자리에 있는 것이 귀중한 줄을 모르고 산다.

공기, 물, 산소는 두말할 것도 없으며, 산도 그러하다.

가족도 마찬가지다. 배우자의 소중함, 부모의 소중함을 알지 못할 때가 더 많다.

산으로 가자. 가면 이 귀한 이치를 터득하는 데 산이 도움을 줄 것이다.

특별한 경우가 아니고서는 대체로 시간적 여유가 있다. 그런데 후딱 등반을 마치고는 2시간 전에 집결지에 도착해서 기다리는 사람도 있다. 그럴 필요가 뭐가 있겠는가? 시간 맞추어 적당히 시간 배율을 하면 된다. '빨리빨리 내가 먼저 가야지'라는 생각은 산행의 묘미를 떨어뜨린다. 산을 많이 타게 되면 어느 순간 깨달아진다.

이제는 산행 문화가 많이 바뀌어가고 있다. 빨리 걷기에서 느리게 걷기를 선호하고 있다. 좋은 현상이다. 꼭 빨리 가야 할 이유가 있을 때만 빨리 걸으면 된다. 산은 여유다.

나무가 유일한 땔감이었던 시절이 있었다. 그때 동네총각들은 줄을 지어 산에 나무하러 다녔다. 너도나도 땔감을 구하려고 나무를 베어가니, 푸른 산이 벌거숭이산으로 변하기도 했다. 뿐만 아니라 산에서 먹을 것을 구하기도 했다. 가난했던, 아주 가난했던 시대의 이야기다. 그 시대 산은 베이비붐 세대에게는 그런 곳이었다.

이제는 삶의 질을 따지는 시대다. 풍요로운 시대에 사는 우리는 산에서 힘을 얻고, 건강을 얻고, 지혜를 얻는 것에 더 힘써야 한다. 그렇게 산에서 얻은 것으로 바람직한 사회를 만드는 데 이바지해야 한다.

젊은층과 어른들의 세대 갈등이 심한 요즘이다. 젊은층은 어른들의 낡은 세상을 받아들이려 하지 않고, 어른들은 젊은층의 가치관과 사고방식을 못 마땅해 한다. 젊은이는 앞서 산 어른들에게 지혜를 배우고 도움을 받아야 한다. 어른들은 젊은이를 이해하고 잘 보호해 주면서 이끌어야 한다. 그래야만 나라의 기강이 바로 서게 된다. 산으로 가자.

산이 주는 매력을 아는 사람은 꾸준히 산을 찾는다. 시간과 계절과 무관하게 자신이 가고 싶은 산을 찾아간다. 산에 몸담은 스스로를 반기는 마음을, 산을 모르는 사람은 이해하지 못한다. 갈수록 산을 찾는 인구가 늘어나고 있다. 산을 찾는 사람은 산을 보호하는 마음도 같이 병행해야 한다. 그렇게 하지 못하고 산과 따로 행동하는 사람이 안타깝다. 그런 사람은 진정한 산쟁이가 되기 어렵다. 산은 늘 그 자리에 있는 친구인데, 그런 친구를 보호하지 못하는 사람이 어떻게 산쟁이가 되겠는가?

배우고 나누고

옛날 어머니들은 콩나물을 직접 키워 먹었다. 따뜻한 방 윗목에 두고 잠이 깨면 한 바가지씩 물을 듬뿍 주었다. 콩나물은 계속 반복되는 물로 자라는 것이다. 꾸준히 주어진 물을 먹고 큰 콩나물은 어느새 콩나물국이 되고 콩나물무침이 되어 밥상에 오른다.

배움도 콩나물에게 주는 물과 같다. 배워서 깨닫는다는 것은 사실 참으로 어려운 일이다. 반복하지 않으면 깨달음에 이르지 못한다. 공부한 것을 실생활에 적용하려면 실력이 밑바탕이 되어야 한다. 실력은 반복되는 공부로 쌓는 것 외에 왕도는 없다.

배움은 사실 인내의 과정이다. 인내력으로 성공하는 사람을 주변에서 종종 볼 수 있다. 우리는 그런 사람들의 이야기를 텔레비전이나 책으로 만나기도 한다. 그리고 좋은 말과 글로 도움을 받기도 한다. 하지만 어느새 그 도움은 잊고 다른 길로 가기 일쑤다. 인내와의 싸움에서 지기 때문이다.

한 가지 좋은 방법이 있다. 좋아하는 일을 찾는 것이다. 좋아하는 일을 하면 인내와의 싸움에 드는 에너지가 덜 들 뿐만 아니라 스트레스도 덜 받게 된다. 좋아하는 일을 하더라도 고난과 난관에 부딪치게 되겠지만, 이때 하고자 하는 열정을 끌어올리기가 보다 쉽다. 그 분야의 정상에 서는 일도 한결 수월하다. 물론 사람이 좋아하는 일만 하고 살기는 어려운 것이 세상 이치이긴 하다. 어쩔 수 없이 하기 싫은 일을 하고 사는 경우도 부지기수다. 그러기에 좋아하는 일을 찾는 데 더 열심을 내야 한다. 찾았으면 더 부지런히 배우고 익혀야 한다.

생활에 조금 여유가 생겼을 때 차茶를 공부하게 되었다. 티백보다는 다관으로 우려마시는 차를 마시고 싶어 다도茶道에도 입문하게 되었다. 차를 공부하면서 차나무의 찻잎 발효 방식에 따라 녹차, 청차, 황차, 흑차, 백차, 홍차로 나뉘는 차의 종류도 알게 되었다. 신기했다. 차에 관련된 정보를 알고 마시니 느낌이 달랐다. 차나무가 있는 보성으로, 하동으로 직접 가서 제다製茶 체험도 해봤다. 좋은 차 선생님과 교류도 하니, 차를 더욱 알차게 즐길 수 있었다.

이제는 커피도 공을 들여 마신다. 믹스커피만 마시다가 커피를 드리퍼로 내려 마신다. 모두 작은 공부의 덕분이다. 공부의 과정은 힘들다. 그러나 부족한 부분은 수고를 들여 채우는 수밖에 없다. 그 수고로 인해 무엇인가가 '내 것'이 될 때 그 기쁨은 보통 이상이다. 수고하지 않고는 앎의 즐거움을 누릴 수 없다. "되는 게 없다" 하며 낙담한 채 두 손 놓고 있기에는 인생은 너무 아름답다.

배운 것을 혼자 독점하는 것은 배우지 아니하는 것보다 못하다. 지식이나 지혜를 혼자만 간직하고 있기보다는 나누는 것이 바람직하다. 배운 것을 사회에 내놓으면 사회에 유익이 된다. 베풀면 결국 자신에게 돌아오는 것이 순리다. 베푸는 사람도 사회에 속해 살아갈 수밖에 없는 한 구성원이라 생각하면 고개가 끄덕여질 것이다.

산을 타다 보면 난관에 부딪힐 때가 많다. 이때 혼자만의 힘으로 난관을 이겨내기는 무척 어렵다. 여러 산우들과 힘을 모아야 한다. '힘 있는' 사람이 그 힘을 나누어야 한다.

특히 여성들은 남성들에 비해 팔심이 약하고 체력이 약하니 도움을 받는 경우가 자주 있다. 척척 해내는 여성 산우들도 있지만 평균적으로 그렇다. 도움을 받은 여성은 그 보답으로 맛있는 점심을 준비하기도 한다. 이것은 성역할 또는 성차별 이야기가 아니다. 도움을 주고받는 것에 관한 이야기다.

밥을 먹는 것도 엄연히 산행의 일부이다. 그 여성은 자신의 '힘'을 나눌 수 있는 곳에 나누는 것이다. 본인이 배운 것을 적절하게 써먹는 것이다. 결국 이 모든 협력의 과정이 모든 산꾼들에게 즐겁고 안전한 산행을 선사한다.

산은 내게 배움터이기도 하다. 산은 누구도 거부하지 아니한다. 부자든 빈자든, 어른이든 아이이든, 실력이 있는 자이든 없는 자이든, 포용한다. 그 포용을 협력으로, 나눔으로 세상에 퍼뜨리라고 가르친다. 그런데 '나누고 살아야지, 베풀어야지.' 하며 마음먹는 사람은 주변에 적지 않다. 문제는 실천이다.

재미있는 글이 하나 있다

"통나무 위에 개구리 다섯 마리가 앉아 있었어. 그중 네 마리가 뛰어내리기로 마음먹었지. 그러면 남은 개구리는 몇 마리일까?"

"정답! 한 마리!"

"한 마리가 아니라 다섯 마리. 마음먹은 것과 행동하는 것이 항상 일치하는 것은 아니거든."

마음먹기와 행동의 일치는 어렵다.

배우려고 하는가? 그렇다면 열심히 배우자. 배운 것을 나누고 싶은가? 그렇다면 적극적으로 실천에 옮기자. 실행에 옮기는 것과 옮기지 않는 것의 차이는 대단히 크다. 우리 산악회만 봐도 그렇다. 산악회가 20여 년의 역사를 가지다 보니, 이제는 집행부를 맡을 사람이 없게 되었다. 다들 사정이 있기에 봉사가 필요한 직책을 선뜻 떠맡길 수가 없었다. 생각했다.

'나는 산악회에서 건강을 얻었어. 자연의 귀한 가치도 알게 되었고. 산우들과 좋은 인연도 맺었으니, 너무 많은 것을 받기만 했어. 이젠 내가 갚아야 해.'

나는 기꺼이 총무직을 맡아 봉사했다. 봉사하면서 내가 신이 났다. 내가 산악회에서 배운 바를 산악회에 나누니, 신바람 부는 인생으로 또 변하고 말았다.

거제도의 작은 섬 좌도에 집을 가진 회장님이 있다. 어느 날 초대를 받아 우리는 완행 선박을 타고 좌도로 들어섰다. 회장님을 만났다.

그물망에 가득한 굴을 가리키며 우리에게 대접하려고 잡은 굴이라고 먼저 자랑을 했다. 기분 좋은 자랑이었다. 회장님 덕분에 어촌의 먹거리를 먹는 재미도 쏠쏠하다는 것을 우리는 몸소 체험했다. 산촌의 먹거리를 먹는 것과는 또 다른 재미가 있었다. 회장님이 없었다면 누릴 수 있는 혜택이 아니었다. 주는 마음과 받는 마음 모두 감사했다. 이 두 마음만이라도 온전하다면 세상은 살맛 나는 곳이 되지 않을까?

싱싱한 먹거리에 덕담까지 곁들이니 먹기의 즐거움은 커져만 갔다. 바닷가에서 바로 채취한 해산물에서는 행복의 맛이 났다. 그리고 먹을수록 추억이 쌓였다.

회장님이 굴을 나눈 것처럼, 우리는 지식과 지혜를 나누고 살아야 한다. 그 나눔을 자랑으로 여겨야 한다. 그 자랑에 기꺼이 박수를 보낼 수 있는 세상은 누구에게나 살기 좋은 곳이 될 것이다.

병원에 가는 길과
산에 가는 길

우리나라 산악회의 역사는 한국전쟁 시절로 거슬러간다. 한국전쟁 전후의 학술 등반, 한국전쟁 이후 수복된 최초의 설악산 답사 등반, 1956~57년의 동계 한라산 적설기 등반은 우리나라 등산 운동의 새로운 계기가 되었다고 한다.

등정은 자연적 요소, 기술적 요소, 인위적 요소를 고려해야 한다. 자연적 요소는 높이, 지형, 기상, 위치, 계절 등이며, 기술적 요소는 등정자의 경험 능력, 연령, 성별, 수련도 등이다. 인위적 요소는 장비와 식량 따위다. 이 세 가지 요소를 단단히 갖춰야만 안전한 등정을 해낼 수 있다. 정상에 오르는 것을 의미하는 등정이 아닌 산에서 휴식을 얻기 위한 일반 산행이라도 이 3요소를 고려하면 산에서 만족스러운 시간을 보낼 수 있다.

등산은 걷기 운동이 부족한 현대인에게 하체 및 심폐기능 향상, 신진대사 촉진 등의 혜택을 준다. 각종 스트레스 해소에도 도움을 준다.

늘 그 자리에 있는 것이 귀중한 줄을 모르고 산다.

공기, 물, 산소는 두말할 것도 없으며, 산도 그러하다.

가족도 마찬가지다. 배우자의 소중함, 부모의 소중함을 알지 못할 때가 더 많다.

산으로 가자. 가면 이 귀한 이치를 터득하는 데 산이 도움을 줄 것이다.

산행거리로는 10~12km가 적당하며, 체력이 떨어지기 전에 휴식을 취하는 것이 좋다. 너무 지친 상태에서 쉬게 되면 회복이 더디다. 체력분배는 산행의 기술이다. 몸의 상태를 체크하며 조절해야만 탈이 없다. 무리한 산행은 오히려 몸에 해가 될 수 있다. 또한 산행을 시작하기 전에는 먼저 스트레칭으로 몸을 깨우는 것이 좋다.

현재 산행 인구가 급속도로 증가하고 있다. 산행 인구의 증가로 산의 가치가 증명되었다. 누구나 사계절 산행을 떠난다. 즐거운 산행을 위해 필요한 사항을 5가지만 소개한다.

1. 등산 전 준비운동으로 몸의 상태를 유연하게 해준다.
2. A, B, C 코스로 나눈 뒤 체력에 맞는 코스를 정한다.
3. 기온 차이에 대비해 여벌옷을 준비한다(비옷도 함께 준비).
4. 산행 후 목욕을 하고 피로해진 근육을 이완시킨다.
5. 겨울철에는 아이젠, 선글라스, 스틱, 장갑, 방한모, 워머, 핫팩 등의 장비를 준비한다.

겨우내 봄을 기다리는 나는 봄소식이 남도에서부터 전해지면 몸이 들썩인다. 몸이 먼저 나갈 채비를 한다. 봄의 전령사 야생화를 만나고 싶어서다. 움츠리고 있던 모든 삼라만상을 깨우는 봄기운을 만끽하고 싶어서다.

봄의 산에 가면 피톤치드 세례를 받는다. 항균, 항바이러스 물질인 피톤치드는 몸속 노폐물을 제거하며, 신체에 흡수되어 심신을 안

정시켜 준다. 나는 양약의 치료보다 자연의 치유가 더 좋다. 치유가 있는 봄 산에 머무르고 싶음이다.

봄 산행에서 주의할 사항이 있다. 낙엽이 덮인 상태의 산길은 판가름이 어렵다는 점이다. 낙엽이 덮고 있는 빙판길은 더디게 녹으므로 무작정 걷다 보면 안전사고의 원인이 될 수 있다. 스틱을 사용해 확인하는 작업이 꼭 필요하다. 나무를 잡고 걸음을 옮길 때에도 썩은 나뭇가지인가를 꼭 확인해야 한다. 상한 나뭇가지를 잡았다가 뽑히면 위급한 상황이 생길 수도 있다.

또한 산행 중에는 에너지 소모가 많다 필히 기본 체력을 유지할 수 있는 간식을 준비해야 한다. 초콜릿이나 에너지바, 또한 수분 보충을 위한 과일도 산행 간식으로 적당하다. 따뜻한 차도 간간이 마시면 기운을 차릴 수 있다. 안전사고 시 사용할 구급약진통제, 스프레이, 수지침, 붕대, 상처에 바를 연고도 준비하자. 안전사고에 유의하는 봄 산행은 겨우내 움츠렸던 몸을 풀어주는 에너지 충전이 된다.

여름 산행을 간다고 하면 "불볕더위에 어떻게 산행을 해?"라는 질문을 받는다. 숲속 기온은 도심의 기온보다 낮다. 숲의 그늘과 가끔씩 불어오는 숲 바람은 에어컨의 바람과 비교를 거부한다. 훨씬 기분 좋은 피서가 된다. 그래도 햇볕을 가릴 수 있는 챙 넓은 모자를 쓰는 것이 도움이 된다. 자외선 차단제도 바르자. 반사율이 높은 밝은 색 옷을 입되 상의는 긴팔이 좋다. 소나기를 만날 수 있으니 우의도 챙긴다. 여름에는 땀을 많이 흘리므로 물은 충분히 준비한다. 산행 시 적정 시간에 휴식을 갖는 것은 여름 산행에 더 강조된다. 체력 소진 후 휴식을 하게 되면 다른 계절에 비해 회복이 어렵다. 준수사항만 잘 지키면 여름철 산행은 즐거운 피서가 된다.

가을 산행은 신의 선물이다. 단풍의 계절은 산꾼의 가슴도 형형색색 물들인다. 하지만 그 선물을 즐기려면 준비를 철저히 해야 한다. 가을은 서서히 동지로 다가가는 계절이라 해가 일찍 떨어진다. 따라서 여벌옷의 준비와 날씨를 꼼꼼히 체크해야 한다. 등산 장비도 물론이다. 또한 평소 등산을 잘 하지 않는 사람은 적절한 산행 코스를 정해야 한다. 무리한 산행은 금물이다.

겨울 산행은 어느 계절보다도 철저한 준비를 요한다. 겨울 산행에서는 첫째 보온에 유의해야 한다. 저체온증은 생명과도 연결되는 사고이므로 원인을 미리 차단해야 한다. 방수 및 방풍의를 입고, 방한모와 보온장갑을 챙긴다. 워머, 아이젠, 스틱, 스피치, 핫팩, 랜턴 등도 겨울 산행의 필수품이다.

옷은 두껍게 입는 것보다 얇은 옷을 여러 겹 입는 것이 좋다. 보온력도 뛰어나지만 땀이 날 때 체온을 유지할 수 있다. 보온병에 따뜻한 차를 준비하면 산행의 질을 높일 수 있다. 눈이 쌓인 코스에서는 자칫 길을 잃을 수 있다. 또한 겨울 산의 설경에 취하다 보면 일행에서 떨어지기 쉽다. 따라서 혼자보다 동행과 함께 가는 것이 좋으며, 함께 갈 때는 산대장님의 지시에 잘 따라야 한다.

참고로 산꾼들에게 소백산의 칼바람은 유명하다. 상고대를 볼 수 있는 겨울왕국의 모습은 감탄사를 연발하게 한다. 그러나 귓불이 떨어져 나갈 듯한 칼바람은 사람을 금방 지치게 만든다. 겨울 장비의 준비가 부족하다면 낭패를 보게 된다. 그 경우 다른 산우의 도움을 받을 수도 있지만 혹한의 환경에서는 민폐가 될 수 있다. 선의의 피해를 주지 않도록 겨울 산행의 준비는 철저하고 또 철저해야 한다.

정부에서 둘레길을 많이 조성했다. 시민의 건강과 휴식을 위해서다. 둘레길을 무장애숲길로 꾸며 몸이 불편한 사람들도 쉽게 산을 접할 수 있도록 배려한 곳도 많다. 하지만 아무리 잘 조성해놓았어도 본인이 찾아가지 않으면 무용지물이다. 병원에 가는 길보다는 산에 가는 길이 더 낫지 않을까? 본인의 건강은 본인이 지켜야 한다. 등산은 건강을 지키는 좋은 방법이다. 산에 가면 알게 된다.

소풍을 왔으니 소풍을 즐깁시다

소풍은 참 정감 가는 단어이다. 어린 시절 소풍이 생각난다. 자연 관찰도 하고 보물찾기도 하며 즐겁게 놀았다. 맛있는 김밥과 음료수를 먹을 수 있어서 좋았다. 소풍 가기 전날이면 어김없이 잠을 설쳤다. 그날 비라도 오면 그 비가 그치기를 얼마나 기도했는지……. 마음은 아예 문 밖에 나가 있었다. 소풍날에는 제일로 아끼는 예쁜 옷을 입었다. 신발도 제일 좋아하는 것으로 챙겼다. 베이비붐 세대에게 소풍은 교실 밖을 벗어날 수 있는 유일한 탈출구나 다름없었다. 소풍, 이 단어를 떠올리면 나이 먹은 지금도 여전히 설렌다.

천상병 시인의 〈귀천歸天〉이란 시가 떠오른다. 시인은 시에서 "아름다운 이 세상 소풍 끝내는 날, 가서 아름다웠더라고 말하리라"라고 말한다. 이 세상에서의 삶을 소풍에 비유한 것이다. 이 얼마나 멋진 표현인가. 물론 소풍 장소인 이 세상에 아름다운 일만 가득한 것은 아니다. 병이 있고, 다툼이 있고, 재난도 있다. 이런 어려움에 많은 사람들이 고통 받고, 쓰러지기도 한다. 그런데 어떻게 시인은 가서 아름다웠다고 말하려는 마음을 먹었을까?

소풍을 즐겁게 보내는 것은 본인의 몫이다. 난관에 부딪쳤을 때 포기하고 패배하면 소풍은 괴로움만 안길 것이다. 재미있고, 아름다운 장소가 될 수 있다. 결국 본인이 만들어가는 것이다.

'이 세상, 나의 소풍은 어떠했을까?'

대한민국이라는 소풍지에서는 어떻게 살아야 하는가.

나는 경제활동을 한다. '일 하지 않으면 먹지 말라'는 의식을 늘 일깨우며 부지런히 일하고 있다.

다음은 시간을 아낀다. "시간은 돈이다"라는 식상한 명언을 굳이 언급하는 것은 아무리 강조해도 지나치지 않기 때문이다. 누구나 이를 알지만, 의외로 허비하는 사람이 많다. 어느 지인은 허비하는 시간이 너무 많다는 느낌에 20분 간격으로 3일 정도 메모장에 무엇을 했는지 직접 적어보았다고 한다. 그 결과 낭비하는 시간이 너무 많음에 깜짝 놀랐다는 얘기를 들었다. 시간은 쉼 없이 흘러가고 있다. 1분도 붙잡을 수 없다.

나는 긍정적으로 살려고 노력한다. 삶에서 긍정보다 부정이 앞서면 일의 능률도 떨어지고, 정신적으로도 피폐해진다. 환자의 경우 특히 긍정은 중요하다. 의사와 가족들이 아무리 희망을 이야기해도 정작 본인이 부정적인 생각으로 가득 차 있으면 완치가 어렵다.

남에게 피해를 주지 않으려 애쓰는 것도 내 삶의 방식이다. 삶은 짧다. 그런데 삶의 소풍 장소에서 남의 얼굴을 찌푸리게 만들 시간이 어디 있는가. 다함께 벙긋벙긋 웃으며 살기도 짧은 시간인데. 나쁜 버릇으로, 이기적인 행동으로 이웃을 힘들게 하는 것은 소풍객의 예의가 아니다.

소풍객은 소풍객답게 주어진 삶을 소중히 여기며 그 장소에서 최선을 다해야 한다. 바르고 착실하게 살아야 한다. 다른 사람과 함께 어울려져 즐겁게 지내야 한다. 소풍을 와서 지루하고 우울하게 지내다가 가는 친구들이 있다. 그 친구들의 마음을 살피고 헤아리는 사람이 멋진 소풍객이다.

우리는 모두 소풍객이다. 세상이라는 소풍장의 주인이다. 함께, 멋지게 소풍을 즐기자.

7 | 다시 사는
시간들

좋아하는 선생님이 있었다. 선생님은 육종암 판정을 받았다. 암 환자의 1% 정도만 걸리는 희귀암이다. 근육, 결합조직, 뼈, 연골, 혈관 등의 비상피성 세포에 자리 잡는 악성종양이다. 선생님은 모르는 게 무엇인지 궁금할 만큼 박식했다. 질문을 하면, 한복, 한옥, 미술, 과학, 다식, 음악, 판소리까지 막힘이 없었다. 걸어 다니는 백과사전이었다. 자기계발에, 가정살림에, 우리들 교육까지, 정말 모든 일에 완벽함을 보였다. 그런 선생님이 갑자기 쓰러지다니 믿기지 않았다. 육종암 말기라니! 청천벽력 같은 소리에 아연실색했다. 받아들이기 어려웠다.

환자들은 대부분 삶의 귀중함을 깨닫고 최선의 삶을 살려고 노력한다. 사는 게 허무하다고, 고달픔만 있다고 얘기하는 사람들에게는 와닿지 않을 수도 있다. 그러나 죽음에는 불평도, 불만도 있을 수 없다. 살아 있을 때만 말할 수 있다. 살아 있다는 것은 선물이다.

시간, 있을 때 잘하자

만약 내게 남은 삶이 3개월뿐이라면 어떻게 살까 고민해본다.

가상으로 주어진 3개월의 시간, 어떻게 쓸까? 삶이 절박할 것이다. 순간순간 갈증이 날 것이다. 못다한 일들을 되새기며 후회도 할 것 같다. 지금까지 가보지 못한 곳에 가보고 싶다. 경험하지 못한 일들을 하나하나 해보고 싶다.

그러나 무엇보다 절실한 것이 있다. 삶의 종지부를 마음속에 찍는 일이다. 죽음을 받아들이는 것이다. 그다음에는 남편과 아이들에게 해주고 갈 수 있는 일을 할 것이다. 형제들과 친구들에게, 아는 모든 지인들에게 밥을 대접하고 싶다. 제일로 맛있는 밥을 직접 지어 대접하고 싶다.

다음은 내 소지품을 정리한다. 애장품들은 소중한 사람들에게 나누어준다. 나누어줄 것이 있으면 전부를 준다. 어차피 다 주고 가는 것이 인생이니까. 그리고 여행을 떠난다. 여행지에서 떠오르는 태양을 보고, 저물어가는 해를 볼 것이다.

좋아하는 산을 오르고 싶다. 더 이상 좋은 산을 못 간다는 것은 못

내 아쉬움으로 남을 것 같다.

이렇게 두 달을 보내고 남은 한 달은 차분하게 정리를 하고 싶다. 글을 쓸 것이다. 말이 되지 않는 글이라도 정성껏 쓸 것이다.

상상 속 일이지만 3개월이라는 생명의 조건에 약간은 엄숙해진다. 언젠가 유서 쓰기 수업을 한 적이 있다. 생각보다 남기고 싶은 이야기들이 많았다. 시간은 너무 빨리 간다, 시간을 아끼는 사람이 되어라, 남을 이롭게 하는 사람이 되어라, 되어라, 되어라……. 교훈적인 말들로만 가득 채워졌다. 무엇을 두고 갈 것인가, 무엇을 할 것인가 고민하게 되었다. 그 고민은 '지금 잘 살고 있는가?'라는 물음을 끄집어냈다. 아무런 답을 할 수가 없었다. 덜컥 겁이 났다.

'아니야. 이런 급박한 상황이 내게 일어나지는 않을 거야.'

나는 이렇게 생각하며 스스로를 위로했다.

그런데 문제가 발생한다. 암이라는 큰 병이 나를 올가미에 넣은 것이다. 정신이 번쩍 들었다. 부정이 현실이 되다니!

긍정의 현실을 만들기 위해 미친 듯이 산을 다녔다. 내게 주어진 시간을 찾아야 했다. 되돌려 받아야 했다. 이대로 죽는 것은 수모라는 생각이 들었고, 나는 그 수모를 당하고 싶지 않았다.

초등학교 친구 이야기가 떠올랐다. 친구는 스물여덟 살에 유학을 가기 위해 토익 준비를 열심히 했다. 그 결과 유학을 갈 대학까지 지정하기에 이르렀다. 떠나기만 하면 될 상황이었다. 그런데 청천벽력으로 아버지가 쉰여섯이라는 아까운 나이에 돌아가시고 말았다. 망연자실하던 친구는 마음 한 구석에서 아버지에 대한 배신감이 싹텄다고 했다. 본의 아니게 자신의 미래를 가로막은 아버지의 죽음은 아버지에 대한 원망으로 피어났다고 했다. 내가 죽을 수도 있는 상황에 처하니 그때 친구의 그 심정이 너무나 가깝게 와닿았다. 내가 죽으면, 나는 가족에게 원망의 대상이 될까?

그게 싫어서라도 나는 더 산에 매달렸다. 그리고 산으로 인해 회복되었다. 시간을 선물 받은 기분이었다. 어느 선물보다 더 요긴하게 써야겠다는 생각이 들었다. 그래서 다시 일을 시작했고, 공부에 투자했다. 그 결과 교육부에서 진행하는 '선취업 후진학' 프로그램에 2기생으로 입학했다. 이어서 4년제 정규 과정의 국립대학교에 합격했다.

우리 나이로 56세에 입학했으니, 학교에서는 여학생 중에 제일로 나이 많은 학생이었다. 젊은 학우들이 "누님, 누님." 하면서 많이 도와주었다. 나도 열심히 협력했다. 그 결과 팀원 발표에서는 모두 A⁺를 받았다. 개인적으로는 인터넷 강의에서도 좋은 점수를 받았다. 젊은 친구들은 한 번만 보면 되지만, 나는 네다섯 번 보아야 간신히 따라갈 수 있었다.

4년 뒤 우리 학과 26명의 학생은 무사히 전 과목을 이수해 졸업장을 받았다. 학우들 26명은 전부 직장인이었다. 대기업체 능력 있는 사원도 있었고, 자영업 CEO도 있었다. 사회에서는 나름 성공한 인재들이었다.

처음 입학할 당시 나는 이렇게 인사말을 했다.

"졸업을 하게 되면 밥을 사겠습니다."

졸업을 할 자신이 없어서 그랬다. 이렇게 약속을 해두면 뱉은 말에 책임을 지기 위해 졸업을 하게 될 것이라 생각했다. 이른바 언령 신앙말이 가지고 있는 힘을 믿었던 것이다. 나는 그 약속을 지켰다. 졸업장을 받은 뒤 거금을 들여 밥을 샀다. 그 밥은 학우들은 물론 내 자신에게 사는 밥이기도 했다. 밥값을 마련하느라 아르바이트를 몇 시간 더 하긴 했지만 그것은 기쁜 노동이었다.

졸업장을 받는 날에는 축하객이 왔다. 남편과 친구들이 꽃다발을 들고서. 덕분에 인생 최고의 날이 되었다. 시간이 준 생명이라는 선물을 잘 썼더니 선물을 더 하나 받게 된 것이다. 사랑하는 사람들에게 사랑받는 것이야말로 최고의 선물이 아닐 수 없다.

누구에게나 시간은 주어진다. 그러나 누구나 시간을 잘 쓰지는 못한다. 시간을 잘 쓰는 사람이 시간부자가 되면 삶이 풍요로워질 수 있다. 시간이 없다는 핑계는 대지 말자. 핑계댈 시간에 시간을 유용하게 쓰는 것이 더 낫다. 주어진 시간에 감사하고 시간이 많을 때 더 활용하는 것이 지혜로운 삶이다. 우리 모두는 '있을 때 잘하는' 시간 관리사가 되자.

모두 흔들리고 있습니다

어머니는 10명의 자식을 낳았다. 3명이 죽고, 키운 자식은 7명이다. 형제들이 많다 보면 잘사는 형제도 있지만 못사는 형제도 있다. 다 잘살기는 어렵다. 장남인 오빠에게 어머니, 아버지는 당신들의 삶을 다 희생했다. 어려운 시절이었지만 장남에게는 대학공부를 시켰다. 아버지는 장남에게 거는 기대를 어깨에 늘 얹고 살았다. 장남이 성공하지 못했을 때 아버지의 어깨는 그 기대와 함께 풀썩 내려앉았다. 그리고 매일 마시는 술로 위로를 대신했다.

우리 집안의 기둥으로 여긴 장남이 병원신세까지 지면서 부모님은 조금 장만한 부동산까지 정리해야 했다. 아버지는 더욱 술에 의지했고, 술기운을 빌려 번번이 폭발했다. 아버지가 술을 드시는 날, 나는 책가방을 숨겨야 했다. 아버지는 공부는 필요 없으니 책을 불에 태워야 한다고 했다. 나는 학교 다녀오면 엄마에게 이 말부터 했다.

"오늘 아버지 또 술 드셨어요?"

불안한 나날이었다. 아버지의 술주정을 피해 책가방을 숨기기 바쁜 소녀 시절이었다.

꽃 한 송이도 바람에 흔들리고 비에 젖으며 피어나는데

사람의 삶이 늘 고요하고 맑을 수만은 없는 것이다.

이를 마음속에 받아들이고 살면 우리는 더 단단한 사람이 될 수 있지 않을까?

큰언니는 마산 오동동 요정집으로 시집을 갔다. 돈이 좀 있으니 고생을 덜하겠지 했지만, 남편의 바람기로 이혼을 했다. 딸이 있었는데 그 딸은 지금 미국으로 이민 가서 잘 살고 있다.

둘째 언니는 열여덟 살에 맏며느리로 시집을 갔다. 시댁은 부산이었는데, 시동생들이 줄줄이 딸린 곳이었다. 열여덟 살의 시집살이는 몹시 혹독했다. 나는 견디지 못했을 거다. 언니가 어떻게 모진 시집살이를 해냈는지 감탄스러울 정도다. 언니는 쌍둥이 아들을 낳고, 아들을 하나 더 낳았다. 종손 집안이라 명절에는 50여 명이 모여 비좁은 집에서 차례를 지냈다. 친정의 단출한 가족 제사와는 비교가 되지 않았다. 언니는 긴 세월 동안 그 많은 집안일을 감당하면서 불평 없이 살았다. 다행히 아들 삼형제는 지금 언니의 기둥이 되어 있다. 아들들은 엄마가 고생한 것을 알고 효도하는 자식으로 장성했다.

셋째 언니 역시 형부가 술을 좋아해 가정살림을 지키지 못했다. 슬하에 아들 둘은 기특하게도 직장생활을 하면서 잘 살고 있다.

넷째 언니는 김해로 시집을 갔다. 중매쟁이는 부자라고 했지만, 부자라기보다는 부자가 되기 위해 열심히 사는 총각이었다. 언니는 시부모님 모시면서 농사일도 잘해내는 만점 며느리였다. 아들 셋을 두었는데, 둘째 아들을 먼저 잃었다. 자식은 가슴에 묻는다는 말이 있듯이 언니도 그러했다.

세월이 흘러 언니들도 이제는 노년의 나이가 되었다. 우리 형제들은 저마다 아픈 삶을 살았다. 그러나 세상에 아프지 않은 삶이 어디 있을까. 그런 마음가짐으로 굳건히 딛고 일어선 언니들은 정말 장하다. 고맙다. 고마움에 보답하고픈 나는 한 달에 한 번씩 맛있는 밥을 사 주려고 언니들을 부른다. 부르면 언니들이 밥값을 지불한다. 그래서 나를 멋쩍게 만든다. 그래도 시간이 나는 대로 언니들이랑 맛집도 자주 가고 찜질방도 다니고 싶다.

아픈 만큼 성숙한다는 말을 많이 쓴다. 온상 속의 꽃보다 야생화가 더 끈질기며 튼튼하다. 향기도 진하다. 질긴 생명력으로 오래 꽃을 피운다. 언니들의 삶은 야생화였다. 나는 그 야생화들을 보며, 향기를 맡으며 힘을 내서 살아갈 수 있었다. 아버지의 술주정이 싫어 가출을 했다면 인생은 어떻게 달라졌을까? 아마도 시련을 만나면 도망가는 삶을 평생 살았을지 모른다.

도종환 시인은 시 〈흔들리며 피는 꽃〉에서 "흔들리지 않고 피는 꽃"은 없으며, "젖지 않고 가는 삶"도 없다고 말했다. 역경이 꽃을 피우고 삶을 완성시킨다는 의미로 다가온다.

꽃 한 송이도 바람에 흔들리고 비에 젖으며 피어나는데 사람의 삶이 늘 고요하고 맑을 수만은 없는 것이다. 이를 마음속에 받아들이고 살면 우리는 더 단단한 사람이 될 수 있지 않을까?

초등학교 남자 동창이 있다. 이 친구는 다섯 살에 절의 스님에게 양자로 갔다. 동자승이 되었다. 친구들이 뛰어놀 때 친구 동자승은 추운 겨울 새벽 종소리와 함께 수련을 했다. 참으로 애처로운 어린 시절이었다. 그렇게 자란 친구는 이십대에 절을 나가 울산공업공단에 취직했다. 승려가 아닌 다른 삶을 사는 것이 힘들었겠지만 그 친구에게는 또 다른 수련이 되었을 것이다. 여하튼 친구는 열심히 살아냈다. 덕분에 건설업자로도 성장했다.

성공가도를 달릴 것 같은 인생은 사십대에 부도를 맞고 휘청이게 된다. 그러나 친구는 꺾이지 않았다. 야생화처럼 흔들리면서도 다시 일어섰다. 그리고 10여 년이 걸려 모든 것을 제자리로 되돌려놓았다. 친구는 얼마 전에 예쁜 색시랑 결혼식도 올렸다. 이제부터는 더 이상 흔들리지 않고 오로지 아름다움만 자랑하는 완성된 꽃으로 살았으면 하는 바람이다.

아버지는 위암으로 돌아가셨다. 시골집에서 수술도 받아보지 못한 채. 막내딸이 사다주는 모르핀 성분의 진통제를 먹으며 통증을 견디다가 고통의 한계점에서 생을 접었다. 아니, 아버지는 진통제로 통증을 견딘 것이 아니다. 진통제를 들고 올 딸에 대한 기다림으로 삶을 이어간 것이다. 술주정은 했지만 술이 깨면 막내딸을 예뻐했던 아버지였기에.

그런 아버지의 병을 내가 물려받았다. 암에 걸려서 통증으로 힘들어 하는 아버지의 마지막 임종은 보기 힘든 시간이었다. 아버지처럼 죽기 싫었다. 살은 하나도 없고 뼈만 남은 아버지의 모습은 정말 처절했다. 나는 그렇게 변하고 싶지 않았다. 아버지는 통증이 심해지면 엄마한테 칼을 들이대며 "빨리 약 사와!" 하고 고래고래 고함을 지르기도 했다. 1980년대의 암환자와 2000년대의 암환자의 삶은 이렇게 달랐다. 아버지는 암에게 졌고, 나는 이겨내서 건강하게 살고 있다.

포기했다면 나도 졌을 것이다. 포기했다면 나는 산을 찾지 않았을 것이다. 아버지가 무기력하게 포기한 것은 아니었지만 진통제에만 의지하지 말고 다른 방법을 강구했으면 어땠을까? 의지를 불태우며 자연이라는 치료법으로 치료를 이어갔다면……. 나도 아버지처럼 약에만 의지했다면 결국 암에게 무릎 꿇었을 것이다.

이제 나는 제2의 인생을 살고 있다. 어떤 역경이 또 닥쳐올지는 모르지만 포기하지 않을 것이다. 이겨낼 것이다. 라면을 끓일 때 99도에서 불을 끄게 되면 라면을 끓일 수가 없다. 물이 100도에 오를 때까지 기다려야 라면을 끓일 수 있다. 그 기다림의 과정은 사실 힘들다. 하지만 그것만 넘어서면 우리의 삶은 승리한다.

좋은 사람 소개합니다

패키지여행에서는 모르는 사람들이 전국에서 모인다. 처음에는 서먹하다. 그래도 며칠 여행을 하게 되면 말을 트며 친해지기도 한다. 여행이 끝날 무렵이면 그때부터 정이 들어 헤어지기 아쉬운 감마저 든다. 특히 가이드와 친해지면 공항에서 헤어질 때 더 가슴 찡하다. 다른 사람은 어떤지 모르겠지만 나는 그렇다.

캄보디아 앙코르와트에서 만난 여자 가이드님은 참 인상 깊었다. 파견근무를 하는 남편을 따라 나와 가이드 생활을 한다는 가이드님은 참 부지런했다. 가이드님은 내가 입고 있는 얼룩무늬 군복바지를 이별 선물로 달라고 했다.

"낡아서 안 돼요."

"괜찮아요. 예쁜걸요."

정감 있게 재촉하는 바람에 끝내 바지를 벗어주고 왔다.

지금도 가이드를 하고 있는지, 한국에 돌아왔는지 소식은 모르지만, 앙코르와트 문화재 설명만큼은 정말 전문가다웠다. 그곳에 또 가고 싶은 이유는 여자 가이드님의 설명에 반해서 인지도 모르겠다.

1,000번을 넘는 산행을 하면서 정이 든 산 친구들이 많이 있다. 그 중 멀리 있는 자식들보다 더 자주 만나는 친구들이 셋 있다. 그 친구들과의 인연은 내가 동네아저씨 권유로 간 산악회에서 한 친구를 사귀면서 시작되었다. 그 친구는 다른 산악회에도 몸담고 있었는데, 그곳에 또래 친구가 두 명 있었다. 나도 합류해서 그들과 친해졌고, 합이 넷이 친구로 묶였다. 이렇게 알게 된 친구들을 평생을 같이할 친구로 여기며 만나고 있다. 당연히 산도 같이 다닌다. 이 친구들과는 안 다닌 산이 없다. 미주알고주알 못하는 얘기도 없다. 제2의 인생을 빛내주는 소중한 친구들이다. 이 친구들은 제3장에서 소개한 '사군자' 친구들이다.

산우들은 다 소중하다. 산에서 만난 사람과는 다툼이 없다. 우리는 동행이다. 동행 중 한 명인 산악회 강 회장님을 짧게 소개해야겠다. 그분, 술에는 장사다. 체격도 장사급이다. 걸음도 거인처럼 성큼성큼 걸어 눈 한 번 감았다 뜨면 일행을 저만치 앞질러간다.

그런데 술을 좋아하다 보니 자연히 실수가 잦다. 내가 그분을 다른 단체에서 만났다면 아마 피해 다녔을지도 모르겠다. 산악회에서는 다 상쇄가 되고, 용서가 된다. 다음에 만나면 지난번 술 취한 행동들은 잊고 같이 산행을 한다. 이런 마음도 산이 주는 선물이지 싶다. 산은 그래서 참 좋다. 남녀노소, 지위고하가 없다. 산을 좋아하는 사람이라는 '평등'만 있을 뿐이다.

우리 안 회장님은 신입 회원들의 든든한 보호막이다. 새로 오신 손님들을 접대 차원에서 늘 챙긴다. 안 회장님의 행동을 색안경을 끼고 보는 분도 있지만, 나는 바람직하다고 생각한다.

산악회에 오는 새 손님들, 특히 여자 손님들은 누가 챙겨주지 않으면 서먹해서 자리를 잡지 못한다. 안 회장님이 그 일을 담당해주니 산악회 회원이 늘어나고 있다. 잘생기기까지 해서 여러 모로 참 좋은 보호막이다.

우리 채 회장님은 여성이다. 일흔을 바라보고 있지만 산에서만큼은 원기왕성하다. 체형 자체가 산을 잘 탈 체형이다. 이분은 나의 상담사이기도 하다. 고민이 있을 때, 혼자 결정하기 어려운 일이 있을 때 의논하면 곧바로 답을 내어준다.

장교로 해병대를 제대한 고문님이 있다. 그분은 늘 카메라를 매고 산을 누빈다. 카메라 무게만 해도 상당할 텐데, 한 번도 힘들다는 말을 하지 않는다.

"고문님, 인물 사진은 사절입니다."

이렇게 말해도 막무가내로 인물 사진을 찍어준다. 예쁘게 찍어주니 크게 불평할 수가 없다.

그러고 보니 앙코르와트 가이드님 말고는 모두 산이 인연을 맺어준 사람들을 소개했다. 내가 산을 참 좋아하긴 좋아하나 보다. 산꾼들을 이렇게 소중하게 여기는 걸 보니. 그 밖에도 산에서 많은 사람들을 만났다. 지금은 산악회를 떠난 사람도 있고, 아직 지키고 있는 사람도 있다. 모두 산악회의 긴 역사를 만들어가는 데 이바지한 주인공들이다. 나에게는 참으로 고마운 은인들이다.

하지만 옥에 티로 남은 사람도 있다. 나보다 늦게 산악회에 들어

온 남자로, 기존 회원님의 친구였다. 그분은 매너도 좋았고, 찬조도 곧잘 했다. 여성들에게 인기도 높았다. 우리가 흔히 말하는 분위기 맨이었다. 이상하게 여겨질 행동은 하지 않았다. 그런데 돌연 산악회를 떠났다. 나중에 알고 보니, 돈으로 몇 사람에게 상처를 준 것이었다. 이런 사람은 정말 옥에 티다. 산악회에 모여 산과 사랑을 나누는 사람들은 대부분 건실하다. 남에게 피해주는 삶을 살지 않는다. 산이 그렇게 가르치기 때문이다.

몇 사람 더 소개하고 싶다. 아직 노처녀인 우리 아가씨 옥이. 아가씨는 산을 좋아한다. 짝을 찾지 못했는지, 아니면 남자보다 산이 더 좋은지 여전히 미스터리다. 신랑감이 생기면 그를 이끌고 산에 올지, 산은 끊고 다른 놀이를 찾을지 궁금하다.

성당에 열심히 다니는 로사 언니는 신앙이 깊다. 언제나 손에는 묵주가 들려 있다. 언니는 천식증을 가지고 있다. 지금은 많이 건강해졌으며 산행을 꾸준이 참석한다.

아직 남편을 산꾼으로 만들지는 못했다. 남편은 걷는 것 자체를 싫어하는 사람이라 산은 더 싫어했다. 그런 남편에게 20여 년 만에 변화가 일어났다. 남편이 한 달에 한 번 산악회에 가게 된 것이다. 산꾼이 될 가능성이 작지만 엿보이고 있다.

처음으로 거금을 투자해 산악 GPS를 구입한 적이 있었다. 대장님 아들에게 사용법을 배워 들고 나간 첫날 속리산 문장대 가는 도중 잃어버렸다. 배낭을 매는 순간 낭떠러지로 떨어뜨린 것이다. 비싼 장비는 그렇게 허무하게 사라져 버렸다. 하루 들고 나가서 거금을 날렸으니 얼마나 속 쓰린 손실인가. 하지만 느낀 점이 있었다. 좋지 않은 일들은 잃어버린 GPS처럼 산속에 묻는 것이 현명하다는 점.

좋지 않은 일들은 버리고 좋은 일을 지닌 채 길을 걷는 삶이 되기를 꿈꾼다. 그래서 나는 오늘도 산을 걷는다.

좋은 사람들과
산에서 놀고 싶다

한겨울 가야산 우두봉1430m에 선 세 사람. 다들 눈바람에 콧물 범벅이다. 콧물 섞인 점심식사의 밥맛은 아리송하다. 반찬으로 지난 산행의 추억을 먹는다. 지리산 비박 산행 이야기를 먹으며 모두들 놀란다. 그때는 어디서 용기가 났을까? 지금 다시 하라면 할 수 있을지 솔직히 자신 없었다.

몇 명의 정예부대가 지리산의 일명 '빨치 2루트'를 걸었다. 비탐방 구간이다. 지금은 비탐방 구간에 진입하면 벌금과 단속이 심하지만, 그 시절에는 조금 느슨했던 단속을 틈타 조용히 흔적 없이 다녀오는 경우가 가끔 있었다. 지리산 계곡은 깊을 뿐만 아니라 오지로 들어가면 짙은 수풀에 묻히게 된다. 그래서 밤새 헤매야 하는 위험에 빠질 수 있다.

오지를 개척하며 걷고 있는데, 검은 구름이 몰려오면서 온 산이 컴컴해졌다. 날씨가 예사롭지 않다. 소나기가 몰려올 상이다. 역시나 비가 쏟아졌다. 배낭이 비에 젖으면 여벌옷까지 젖게 되니 배낭 관리에 신경을 썼다. 비는 금세 폭우로 바뀌었다. 폭우로 인해 비박의 계획을 수정해 세석산장으로 숙소를 정했다. 이미 세석산장은 곳곳에서 비를 피해 몰려든 산꾼들의 피난처로 변해 있었다. 그야말로 발 디딜 틈 없이 북적댔다. 다행히 같이 간 동행들의 발 빠른 대처로 새우잠을 잘 수 있는 자리는 마련했다. 세월이 흘렀어도 그때 지리산 산행을 같이 했던 산우들의 얼굴이 선하다. 소중한 시간 속의 귀중한 사람들이다.

귀중한 사람들은 일일이 나열하기 어려울 만큼 참 많았다. 특히 위급한 순간에 잘 대처할 수 있도록 도와준 사람들이 많이 생각난다. 그런 산우들이 있기에 도전할 수 있는 용기가 생긴다.

설악산 용아장성의 암릉 산행에서 바위에서 내려서지 못해 떨고만 있던 내게 자신의 어깨를 받쳐준 초명 님도 참 귀한 산우였다. 지금 어디 사는지 소식이 끊긴 게 아쉽다. 문화유적지 설명이 프로에 가까운 똑똑한 산우였다. 다시 만나게 되면 사부로 잘 모셔야하는 분이다. 좋은 인연들이 곁에 있을 때 귀함을 모르고 소식이 끊어지니 아쉬워서 찾는다. 이런 내가 못마땅하다.

산 친구 깡순이도 그립다. 그 친구는 바위타기에 겁 없기로 유명했다. 두 여인은 의기투합을 잘했다. 그 친구와 산행을 위해 2인승 4륜구동 코란도를 구입하기도 할 정도였다. 그 친구가 있어서 오십대의 산행은 특히 더 행복했다. 한번은 산에서 뱀을 만난 적이 있었다. 뱀은 산행에서 가장 공포의 대상이다. 스틱으로 땅을 꿍꿍 울리면서 걸으면 그 소리에 짐승들이 도망을 간다지만 수풀 속에서는 스틱의 효과도 떨어진다. 그날도 수풀을 헤쳐가고 있는데, 뱀이 똬리를 틀고 앉아 있었다. 아찔했다. 두 여인은 겁을 집어먹었지만 다행히 서로를 격려하며 잘 빠져나왔다. 아마 깡순이가 없었으면 혼자서는 꼼짝 달싹도 못했을 것이다. 깡이 있는 깡순이. 항상 생각나는 산 친구다.

소식을 계속 이어가고 있는 좋은 인연들 중에 후배 산꾼인 정선이를 소개하고 싶다. 그 여인은 참 대단한 산꾼이다. 동행이 없으면 혼자서도 망설임 없이 산에 오르는데, 여간한 강심장이 아니다. 일을 진행하는 추진력도 최고다. 여장부, 알파걸이라는 단어에 똑 들어맞는 인재가 아닐까 싶다. 선배이지만 배울 점, 본받을 점이 많은 후배다.

대구 날다람쥐도 빠질 수 없다. 그 친구는 대관령 선자령의 길 가장자리, 허벅지가 빠질 만큼 깊은 눈길에서 비료포대로 눈썰매를 탔다. 진짜 다람쥐가 보았다면 부러워했을 만큼 재미있게.

평창 황태에다 옥수수 막걸리를 '미리'산 중리 아저씨는 언제 로또에 당첨될지 모르겠다. "나중에 당첨될 거라서 미리 쏘는 거예요." 하며 우리를 대접한 중리 아저씨에게 당첨의 행운이 있기를!

건강해져서 너무 좋다는 혜숙 님은 완전히 다른 사람이 되었다. 처음 산행을 할 때는 황석산 바닥에 힘들다고 벌렁 드러누웠던 여자가 지금은 겨울 황석산 바위 로프에 매달리는 유격대원으로 변했다.

산에서 잘 놀았다. 지금도 잘 놀고 있다. '산또라이'가 되어 참 많은 산길을 걸었다. 혼자는 걸을 수 없는 산길을 산우들과 함께 걸었다. 그래서 즐거웠고, 행복했다. 지금도 즐겁고, 행복하다.

산길을 걷다 이따금 뒤를 돌아보기도 한다.

그러다 '정말 이쁜 길을 걸어 왔구나!' 느끼는 때가 있다.

예쁜 줄 모르고 걸어왔다는 것을 깨닫는 순간이다.

앞으로 가기에만 바빠서 많은 것을 놓쳤다는 것을 후회하는 순간이다.

그러면 좀 더 여유를 갖는다.

산길을 걷다 이따금 뒤를 돌아보기도 한다. 그러다 '정말 이쁜 길을 걸어 왔구나!' 느끼는 때가 있다. 예쁜 줄 모르고 걸어왔다는 것을 깨닫는 순간이다. 앞으로 가기에만 바빠서 많은 것을 놓쳤다는 것을 후회하는 순간이다. 그러면 좀 더 여유를 갖는다. 하늘도 한 번 쳐다보고, 바람도 만져본다. 야생화에게 말을 걸기도 한다. 그 순간 산행은 더욱 만족스러워진다. 삶의 길도 이렇게 걸어야 하지 않을까?

복 많이 받으세요

누구나 복 많이 받기를 원한다. 살아가는 데 복이 없으면 사실 살기가 어렵다. 그런데 복은 스스로 찾아야 한다. 복은 가만히 있는 사람에게는 오지 않는다.

그러면 어떻게 복을 찾을 수 있을까? 우선 젊은이들에게는 여러 가지 경험을 해볼 것을 권한다. 무전여행도 좋다. 아르바이트도 좋다. 해외 봉사도 좋은 공부가 된다. "이런 경험들이 복과 무슨 상관이 있습니까?" 반문한다면, "살아 보니 알겠더라"라는 대답을 할 수밖에 없다.

경험은 복의 밑거름이 된다. 그리고 큰 복은 대개 나중에 온다. 젊은 시절의 다양한 경험은 작은 복들을 불러오고, 그것이 쌓여 큰 복으로 나타난다.

언니 이야기를 하고 싶다. 언니는 너무 착하다. 돈 천 원이 생기면 그 돈을 본인이 쓰지 않고 좋아하는 사람의 아이한테 쥐어준다. 이런 식으로 살다 보니 언니는 지금 가난하다. 여러 모로 생활에 불편을 겪는다. 그런데 언니는 내일을 걱정하지 않는다. 내일은 늘 오는 것이라 생각하며 살아간다. 그런 언니가 동생으로서 솔직히 걱정스

럽기도 하지만, 언니는 아랑곳없다. 언니는 마음부자이다. 스스로 복을 만들어가는 사람이다. 어쩌면 내일에 대한 걱정 없이 사는 게 가장 큰 복이지 않을까?

내 생각이 전적으로 옳은 것은 아니다. 사람마다 느끼는 복은 다를 수 있다. 그래서 복을 찾는 삶의 방식도 다를 수 있다. 세상에는 명품백을 복으로 여기는 복부인도 있고, 아기에게 모유를 먹일 수 있는 처지를 복으로 여기는 가난한 아기엄마도 있다. 여하튼 복은 돈으로만 만들어지는 것은 아니지 싶다.

'복을 짓는다'라는 표현을 많이 쓴다. 복을 짓는 일은 나누는 삶이다. 어떤 친구는 빈 병을 모았다가 폐지 줍는 할머니가 오면 드린다. 할머니는 '복 받은' 사람처럼 고마워한다. 친구는 작은 복을 지어 할머니에게 드린 것이다. 나눌 수 있는 삶이야말로 진정한 복이다.

꿈을 이룬다는 것도 정말 큰 복일 것이다. 그래서 꿈알전도사 노병천 교수의 '꿈알'을 소개해야겠다. 꿈알은 달걀 모양의 알이다. 달걀과 다른 점은 꿈을 적어둔 알이라는 것이다. 매일 그것을 꺼내 들여다보며 꿈을 되새긴다면 꿈을 이룸에 한 걸음 가까이 갈 수 있다. 누구나 꿈을 가지고 살지만 꿈을 잊을 때가 많다. 뜻하는 대로 되지 않을 때는 일부러 잠시 외면하기도 한다. 그럴수록 꿈은 얄밉게도 주인에게서 멀어져간다. 꿈이 멀어지도록 두어서는 안 된다. 꿈알에 적어 늘 곁에 두어야 한다. 꿈알에 적는 꿈은 당연히 자신의 꿈이다. 어떤 꿈이든 상관없다.

어린이에게도 꿈알을 권한다. 동물보호사를 꿈꾸는 어린이, 숲 지킴이를 꿈꾸는 어린이, 운동선수가 되고픈 어린이도 꿈알을 품으면 더 희망적으로 꿈을 키워갈 수 있다. 꿈쟁이가 될 수 있다.

노병천 교수는 세계 곳곳에 꿈알을 전하고 다닌다. 아프리카의 가난한 어린이들에게도 꿈을 심어주려고 꿈알을 전했다. 노병천 교수는 그렇게 복을 지으며 살고 있다. 노병천 교수처럼 복 짓는 사람들이 더 많아지기를 바란다.

열심히 살 때 복은 온다. 언젠가 인도 여행을 갔었다. 인도 국민은 게으르다는 고정관념이 있는데, 가이드 하리옴은 정말 부지런했다. 하리옴은 가이드 생활을 하면서 요가 공부를 한다. 가업으로 하는 마트 일도 돕는다. 그런 하리옴을 보니 훗날 큰 복을 받으리라는 생각이 들었다.

우리나라가 지금처럼 부자 나라가 된 것도 근면성의 힘이 컸다. 많은 국민들이 부지런하게 일한 덕분에 가난을 면할 수 있었다. 개인적인 성공도 이룰 수 있었다. 열심은 복을 부르는 지름길이다. 자신을 발전시키는 디딤돌이 된다. 게으름은 복이 들어오는 데 장애물이 될 따름이다.

나는 산에서 건강을, 휴식을, 친구를, 삶의 지혜를 얻었다. 산에게서 복을 받은 것이다. 모두 내가 산을 부지런히 찾아다닌 결과이다. 열심히 오른 것에 대한 성과이다. 게으름 부렸다면 나는 빈손으로 산을 내려왔을 것이다. 복은 열심인 자에게 온다. 우리 모두 복 짓는 사람이 되자.

마치는 글

산꾼으로서 산의 이야기를 나누고자 했다. 글솜씨를 뽐내려는 마음은 없었다. 산행을 통해 얻은 감흥을 몸이 아픈 사람, 마음이 아픈 사람과 나누고 싶었다. 나의 치유방법을 경험으로 소개하고 함께 치유의 복을 누리고 싶었다.

세상은 빠르게 발전해가고 있는데, 우울증 발병률은 높아진다고 한다. 혼밥, 혼술이 보편화된 시대이지만 어쩔 수 없이 외로움을 삼키며 혼밥과 혼술을 하는 사람도 많다고 한다. 그만큼 아픈 사람이 많다는 이야기다.

그래서 우리에게는 산이 필요하다. 산은 삶에 지친 사람들에 더없이 좋은 곳이다. 오전과 오후의 경치가 다르며, 또 시간마다 색다른 공간 연출을 한다. 계절마다 다른 것은 두말할 나위 없다. 그러므로 아무 때나 찾아가도 그 신비를 몸소 체험할 수 있다. 그 체험이 쉼을 주고, 힘을 줄 것이다.

우울한 기분을 한잔의 술로 달래면 당장은 나아질지 모르지만 다음날 신체리듬은 더 악화된다. 우리의 신체리듬은 자연과 함께할 때 더 활발해지기 마련이다. 그런 까닭에 산과 함께하는 삶을 더 강조하고 싶다. 가족끼리, 친구끼리, 연인끼리 일주일 중 하루라도 시간을 내자. 온 종일이 아니어도 괜찮다. 몇 시간만이라도 산을 찾는 여유를 가지면 활기찬 에너지를 공급받을 수 있다.

산은 산악인만의 전용물이 아니다. 모두에게 열려 있는 곳이다. 모든 사람이 주인이다. 따라서 언제든지 산을 찾아도 아무도 뭐라 하지 않는다. 산도 주인을 반긴다. 산에 가보면 알 것이다.

사회의 기둥인 청년들에게 더더욱 산을 권한다. 취업 준비에, 스펙 쌓기에 여력이 없겠지만 그래도 조금만 힘을 짜내서 산에 올랐으면 한다. 정상에 오르면 세상이 보일 것이다. 그 세상에서 자신이 어떤 존재인지 깨달을 수 있을 것이다. 정상에 오르지 않아도 괜찮다. 풀과 나무와 새와 벌레는 조화롭게 사는 세상을 가르쳐줄 것이다. 자신을 돌아보게 하는 계기를 마련해줄 것이다.

산은 건전한 사고와 건전한 삶의 태도를 배울 수 있는 체험장이다. 이 좋은 체험장을 온 국민이 찾기를 나는 소망한다. 꾸준히 산을 찾으면 건강도 얻을 수 있다. 나부터가 증인이다. 산은 아픈 사람에게는 치유를, 건강한 사람에게는 더 나은 건강을 베푼다.

처음 산을 오를 때에는 무작정 욕심으로 올랐다. 뚜렷한 목적도 모른 채 정상은 가야 한다는 욕심으로 산을 올랐다. 그래도 그런 꾸준함과 근면함 덕분에 몸도 마음도 건강해졌다. 보다 지혜로워지기도 했다. 산의 예찬론자가 되어 새로운 삶도 살게 되었다.

부족한 나의 산 예찬론을 독자들에게 조심스럽게 바친다. 그리고 이 시간, 생각을 글로 옮길 수 있게 용기를 주신 이은대 작가님, 성남주 교수님에게 감사를 표한다. 늘 산에 간다면서 배낭을 싸는 모습에 스트레스를 받았을 남편, 산 친구들, 산악회 식구들에게 두루두루 감사를 드린다. 혼자서는 정말 할 수 없었다. 용기와 도움 주신 분들의 응원이 이 산 예찬론을 꽃피우게 했다.

산에서 일어난 추억들을 다 이야기하지 못한 것이 못내 아쉽기는 하다. 그러나 털어내련다. 여러분들이 직접 산을 찾아 추억을 만들면 될 일이다. 글을 쓰고 있는 지금은 봄, 산은 봄꽃 파티장으로 변해 있을 것이다. 여러분은 파티에 찾아가 손님으로서 마음껏 즐기기만 하면 된다. 손님은 늘 파티의 주인공이다.

　마지막으로 산 예찬론을 내놓으며 산을 사랑하는 산꾼들에게 누를 끼치지 않았으면 하는 바람을 한 줄 적는다. 산꾼들에게 마음으로 겸손히 머리 숙인다.